V&R

Gläubigkeit und Recht und Freiheit

Ökumenische Perspektiven des katholischen Kirchenrechts

Herausgegeben von

Wolfgang Bock

Vandenhoeck & Ruprecht

Der Herausgeber:
Dr. iur. Wolfgang Bock ist Richter am Landgericht und Privatdozent der Rechtswissenschaft mit Schwerpunkten im Evangelischen Kirchenrecht, Verfassungsrecht und Staatskirchenrecht an der Universität Düsseldorf. Er war von 1989–2006 an der Forschungsstätte der Evangelischen Studiengemeinschaft e.V. (FEST) in Heidelberg tätig.

Bibliografische Information Der Deutschen Nationalbibliothek

Die Deutsche Nationalbibliothek verzeichnet diese Publikation in der Deutschen Nationalbibliografie; detaillierte bibliografische Daten sind im Internet über <http://dnb.d-nb.de> abrufbar.

ISBN 10: 3-525-56807-X
ISBN 13: 978-3-525-56807-1

Druck und Bindung: ⊕ Hubert & Co, Göttingen

Gedruckt auf alterungsbeständigem Papier.

Vorwort

Die ökumenischen Beziehungen zwischen den evangelischen Kirchen und der römisch-katholischen Kirche haben, mißt man sie an den vom Zweiten Vatikanischen Konzil ausgehenden Erwartungen und Perspektiven, seit geraumer Zeit einen Tiefpunkt erreicht. Mögliche Fortschritte sind schwer erkennbar und werden bedeutende Anstrengungen und Veränderungen erfordern. Sollen größere Übereinstimmung und Gemeinsamkeit in der christlichen Ökumene als realistische Ziele kirchlichen Handelns angesehen werden können, so bedarf es der Aufklärung: Was sind die Gründe des Stillstandes? Hätte ihre frühere Wahrnehmung illusorischen Optimismus verhindern oder Enttäuschungen vorbeugen können?

Die Texte dieses Bandes dokumentieren die auf einer Tagung der „Arbeitsgruppe Kirchenrecht und Staatskirchenrecht" an der FEST Heidelberg[1] am 24. und 25.06.2005 gehaltenen kirchenrechtlichen und theologischen Beiträge. Die seit 1996 bestehende Arbeitsgruppe[2] vereint evangelische und katholische Wissenschaftler sowie Praktiker des Kirchenrechts, des Staatskirchenrechts und der Theologie. Sie widmen sich in interdisziplinärer Arbeit aktuellen Problemen von Kirchen, Recht, Religion und Staat.[3]

---

[1] Die Forschungsstätte der Evangelischen Studiengemeinschaft e.V. Heidelberg ist ein interdisziplinäres Forschungsinstitut, das von der EKD, den evangelischen Landeskirchen, den evangelischen Akademien und dem Deutschen Evangelischen Kirchentag getragen wird.

[2] Sie hat sich aus der Mitte der sechziger Jahre von *Hans Dombois* gegründeten „Kirchenrechtlichen Arbeitsgemeinschaft" entwickelt. Zu den Mitgliedern und Gästen gehörten hervorragende Wissenschaftler des Kirchenrechts, der Kanonistik, der evangelischen und der römisch-katholischen Theologie sowie des Staatskirchenrechts: von *Ulrich Scheuner* und *Rudolf Smend* über *Werner Böckenförde* und *Kardinal Joseph Ratzinger* bis hin zu *Dietrich Pirson*, *Peter Landau*, *Klaus Schlaich* und *Christoph Link*.

[3] Beispiele für daraus hervorgegangene Veröffentlichungen: *Wolfgang Bock/ Wolfgang Lienemann* (Hg.), Frauenordination (Studien zu Kirchenrecht und Theologie III), Heidelberg 2000; *Wolfgang Bock* (Hg.), Islamischer Religionsunterricht?

Ziel der Tagung war eine kanonistische, theologische und ökumenische Bilanz des vergangenen Pontifikats Johannes Paul II. Ausgangspunkt sind einerseits die nicht zuletzt im Zweiten Vatikanum angesprochenen Fragen des Weges zu einer künftigen engeren Ökumene: Sie sind bis heute nicht befriedigend gelöst. Andererseits ist eine korrekte kanonistische Bestandsaufnahme notwendig: Nur wenn die für die römisch-katholische Kirche typische und sie prägende enge Verbindung zwischen unfehlbarem Lehramt, dem für den Heilsauftrag als unverzichtbar angesehenen Recht und dem auf beide zu beziehenden Glauben angemessen berücksichtigt wird, rücken auch die dem ökumenischen Fortschritt entgegenstehenden Hindernisse genau in Blick. Das spiegelt der (unter freundlicher Zustimmung von Norbert Lüdecke) aus seinem Beitrag übernommene Gesamttitel „Gläubigkeit und Recht und Freiheit". Das Ausklammern dieser bis heute entscheidenden Strukturen führt nur zu Illusionen über ökumenische Perspektiven. Der enge, aus römisch-katholischer Sicht unbedingt notwendig erscheinende Zusammenhang zwischen Moralphilosophie, Ekklesiologie und kanonischem Recht war möglichst scharf und genau herauszuarbeiten, um dem – illustriert an ausgewählten Beispielen – die auf der Grundlage des Zweiten Vatikanischen Konzils ermöglichten kleinen Fortschritte gegenüberzustellen.

Notwendige Vorbedingung ökumenischer Verständigung sind einerseits die Wahrnehmung und das Verstehen der voneinander abweichenden Positionen und Entscheidungen der Partnerkirchen und andererseits ein grundlegendes Verständnis dieser Differenzen. Das gilt in besonderem Maße auch für Fragen der Moraltheologie, also für die wissenschaftlich-theologische Beantwortung ethischer Fragen. Wolfgang Lienemann beleuchtet in seinem Beitrag am Beispiel der Enzykliken *Veritatis Splendor*, *Evangelium Vitae* und *Fides et Ratio* das konfliktreiche Verhältnis der katholischen Moraltheologie zur einer die moralische Freiheit des Individuums in das Zentrum stellenden Philosophie: Besteht die wahre Freiheit nur in der Unterordnung unter das allein vom päpstlichen Lehramt zu bestimmende Gebot Gottes,

---

Rechtsfragen, Hintergründe und Länderberichte, (Religion und Aufklärung Bd. 12), Tübingen 2006.

so hat das kritisch zu bewertende Folgen für die Gewissensfreiheit. Denn das Gewissen darf die vom Lehramt verkündigte Wahrheit nicht bestreiten. Es bleibt ein ökumenisches Problem, daß die römisch-katholische Kirche Glaubens- und Gewissensfreiheit nach außen fordert, ohne sie nach innen vollständig anzuerkennen. Eine Rekapitulation des philosophischen Gesprächs zwischen Jürgen Habermas und Joseph Ratzinger im Jahr vor seiner Wahl zum Papst verdeutlicht die schwierige Balance der katholischen, aber auch der evangelischen Moraltheologie zwischen der an Universalität orientierten Vernunft und dem christlichen Glauben.

Ein Zentrum der Hindernisse ökumenischen Fortschritts beleuchten die zwei folgenden kanonistischen Beiträge von Norbert Lüdecke und Georg Bier. Das kanonische Recht ist bestimmt und abhängig von dem zum Dogma erhobenen Jurisdiktionsprimat des Papstes. Seine umfassende Gewalt, jederzeit überall in der Kirche Recht zu setzen oder umzuformen, stellt die Kanonistik als Rechtslehre etwa vor die Frage nach der an sich mittels der Form des Rechts zu gewährleistenden Rechtssicherheit. Der päpstliche Primat in der Lehre, seine Unfehlbarkeit im Lehramt macht ihn zur inappellablen Instanz auch in den Glaubensgrundlagen der Rechtsordnung. Es wird eine Identität der Glaubens- und Heilsgemeinschaft mit der hierarchisierten und zugleich als heilsnotwendig angesehenen Rechtsverfassung postuliert. Das steht nicht nur dem evangelischen Verständnis von Glaube, Kirche und Kirchenrecht diametral entgegen, es konserviert auch zentrale Elemente der seit der Reformation bestehenden Trennungen im Begriff von Kirche und Kirchenrecht. Einem wahrheitszentrierten Rechtsbegriff korrespondiert der dem päpstlichen Primat und seiner Leitung geschuldete Glaubensgehorsam. Das Gewissen der Gläubigen ist nicht nur an das als unfehlbar qualifizierte Lehramt, sondern an jede lehramtliche Äußerung des Papstes gebunden. Die Freiheit des Gewissens erschöpft sich so im Rechtsgehorsam.

Die kanonistischen Untersuchungen der Stellung der Bischöfe und der theologisch-rechtlichen Gesamtstruktur der römisch-katholischen Kirche zeigen weitere Hindernisse für einen ökumenischen Fortschritt: Lehramtlich und rechtlich ergibt sich die den Bischöfen zustehende Diözesangewalt im Subtraktionsverfahren aus dem Umfang der päpstlichen Vorbehaltsrechte. Lehrrechtlich und legislativ sind die Bischöfe und im Ergebnis auch das Bischofskollegium dem Primat des Papstes nachgeordnet. Während synodale Verantwortungsstrukturen nur schwach ausgeprägt sind, besitzt der Papst zur freien Ausübung höchste, volle, unmittelbare und universale Gewalt in der Kirche. Vor diesem Hintergrund erscheinen die von evangelischer Seite erhobenen skeptischen Stimmen gegenüber dem von einer bilateralen Arbeitsgruppe der Deutschen Bischofskonferenz sowie der VELKD erarbeiteten Studie „Communio Sanctorum" in einem neuen Licht: Die dort erhobenen Forderungen – Achtung vor der Eigenständigkeit der Regionalkirchen und Verpflichtung gegenüber synodalen Verwantwortungsstrukturen – erscheinen angesichts der rechtlichen Verfügungsgewalt des Papstes und seines unbegrenzten Ermessens als zu geringe rechtliche Barrieren.

Als in ökumenischen Kontakten erfahrener evangelischer Theologe beleuchtet Michael Plathow die Spannungen zwischen den vom Zweiten Vatikanum eröffneten Möglichkeiten und dem lehramtlichen, gesetzgeberischen und pastoralen Wirken Johannes Paul II. Im Ergebnis bestätigt er aus anderem Sichtwinkel zentrale Beobachtungen der Kanonisten. In ökumenischer Hinsicht sind Rückschritte zu konstatieren: Plathow plädiert mit gutem Grund dafür, das eine weitergehende Ökumene blockierende Bild der römisch-katholischen Kirche als des Mittelpunktes konzentrischer Kreise, um den herum sich weitere christliche Gemeinschaften und Kirchen gruppieren, durch ein anderes theologisches Modell zu ersetzen: Mittelpunkt der Ökumene ist Christus als die Sonne, um den verschiedene Planeten christlicher Gemeinschaften kreisen. Dieses Bild stammt aus der von Edmund Schlink[4] verfaßten Ökumenischen Dogmatik. Ein weiterer Schritt wäre dann die Anerkennung der Kircheneigenschaft der reformatorischen Kirchen; in offizieller römisch-katholischer Sicht sind sie weiterhin keine Kirchen im eigentlichen Sinne und werden auch nicht so bezeichnet. Im Ergebnis werden erhebliche Widersprüche zwischen der pastoral bestimmten Öffnung des kirchlichen Hirtenamtes nach außen und einer starken Engfüh-

---

[4] Mitglied der kirchenrechtlichen Arbeitsgemeinschaft in der Zeit ihrer Leitung durch Hans Dombois.

rung des lehramtlichen und kirchenrechtlichen hierarchischen Zentralismus nach innen festgestellt. Begrenzte positive theologische Erwartungen an Benedikt XVI. sollten daher auf das Zweite Vatikanische Konzil zurückgreifen.

Für eine im Vergleich zu den ersten beiden kanonistischen Beiträgen etwas optimistischere Einschätzung der gleichwohl gesehenen Hindernisse plädiert der kanonistische Beitrag Heinrich J.F. Reinhardts „Ökumenische Perspektiven der katholischen Kirchenverfassung". Zunächst erfolgt jedoch eine prinzipielle Mangelanzeige: Seitens der römisch-katholischen Kirche hat man sich bislang keine ausreichenden Gedanken über die Wege zu Kirchengemeinschaften gemacht, die möglicherweise verschieden geartet oder gestaltet sein könnten. Ökumenische Fortschritte werden hingegen in den Tatsachen gesehen, daß erstens seit dem Zweiten Vatikanum Christen anderer Konfession nicht mehr als Häretiker oder Schismatiker bezeichnet werden, sondern als voneinander getrennte Brüder („fratres seiuncti"), die gleichwohl durch die Taufe in die eine Kirche Jesu Christi eingegliedert sind. Zweitens erkenne die römisch-katholische Kirche die eigenständige Rechtsetzung und Verwaltung der orthodoxen und der reformatorischen Kirchen an. Für die Orthodoxie wird auf die Wahrung der apostolischen Sukzession abgestellt, während für die nur als kirchliche Gemeinschaften bezeichneten reformatorischen Kirchen kirchenbildende Elemente, ihr Wesen, ihre Heilsbedeutung und die Gewohnheitsrechtsbildung angeführt würden. Da aber die römisch-katholische Kirche das Konzept einer Kirche der freien Gefolgschaft ablehnt, steht nach wie vor die volle Geltung der von ihr anerkannten Glaubens- und Gewissensfreiheit in Frage. Die von den evangelischen Kirchen angestrebte gegenseitige Zulassung zum Abendmahl scheitert bisher am vorgegebenen römisch-katholischen Kirchenverständnis, das auch das Verständnis der Sakramente strukturiert. Das Kirchenverständnis steht bislang auch einer prinzipiell möglichen gegenseitigen Anerkennung der Ämter entgegen. Angesichts dieser erheblichen Hindernisse erscheint die von evangelischer Seite erhobene Frage nach den möglichen Formen der Anerkennung eines Primats des Papstes als deutlich verfrüht. Ohne eine minimale Basis der Gegenseitigkeit im Kirchenverständnis sind ökumenische Fortschritte wohl nur eine ferne Zukunftsmusik.

Daß auf dem bereits eingeschlagenen ökumenischen Weg der gegenseitigen Taufanerkennung zwischen den christlichen Kirchen trotz einiger schwieriger Fragen weitere gemeinsame Schritte aussichtsreich sein können, zeigt hingegen der Beitrag von Johanna Will-Armstrong. Aufgrund der Aussage des Zweiten Vatikanums, daß im Fall der Taufe von einem göttlichen Gnadenwirken auch außerhalb der römisch-katholischen Kirche auszugehen sei, wird dieses sakramentale Band der Einheit in zahlreichen gegenseitigen Vereinbarungen zwischen evangelischen Landeskirchen und katholischen Bistümern anerkannt. Die orthodoxen Kirchen und die Kirchen täuferischer Prägung haben hingegen den starken Impuls der Konvergenzerklärung zu „Taufe, Eucharistie und Amt“ des Ökumenischen Rates der Christen von 1982 nicht in einen gemeinsamen Prozeß gegenseitiger Taufanerkennung überführen können, auch wenn sie in der Praxis zu einer je individuellen Anerkennung tendieren. Weitere Schritte könnte die Bewertung der Taufe als Teil eines jeweiligen lebensgeschichtlichen Prozesses ermöglichen.

Insgesamt zeigt diese kirchenrechtliche und theologische Bilanz in ökumenischer Perspektive zwar Möglichkeiten der Annäherung und Übereinstimmung; es sind aber zugleich scharfe Differenzen und Trennungen zu konstatieren. Die in den achtziger Jahren diskutierten Wege zu einer möglichen Kirchengemeinschaft unter grundsätzlich möglicher gegenseitiger Anerkennung der Ämter liegen aus den hier analysierten Gründen heute in weiter Ferne. Wer sich ernsthaft den ökumenischen Aufgaben der Christenheit stellt, wird gerade deshalb die hier erörterten Fragen und Probleme nicht außer acht lassen.

Sehr herzlicher Dank gilt nicht nur den Autoren, sondern allen, teils über mehr als 30 Jahre an der FEST beteiligten Mitgliedern der Arbeitsgruppe „Kirchenrecht und Staatskirchenrecht. Ohne ihre lebendige Teilhabe wären dieses Buch und viele andere Arbeiten nicht entstanden. Die engagierte, genaue und über alle Maßen verläßliche Arbeit von Frau Anke Muno hat die fristgerechte Fertigstellung dieses Buches erst möglich gemacht.

Am Trinitatisfest im Juni 2006 Wolfgang Bock

Inhalt

Wolfgang Lienemann

Glaube und Vernunft in der Moraltheologie*

„Die Moral, so fern sie auf dem Begriffe des Menschen, als eines freien, eben darum aber auch sich selbst durch seine Vernunft an unbedingte Gesetze bindenden Wesens, gegründet ist, bedarf weder der Idee eines andern Wesens über ihm, um seine Pflicht zu erkennen, noch einer andern Triebfeder als des Gesetzes selbst, um sie zu beobachten. Wenigstens ist es seine eigene Schuld, wenn sich ein solches Bedürfnis in ihm vorfindet, dem aber alsdann auch durch nichts anders abgeholfen werden kann; weil, was nicht aus ihm selbst und seiner Freiheit entspringt, keinen Ersatz für den Mangel seiner Moralität abgibt. – Sie bedarf also zum Behuf ihrer selbst (sowohl objektiv, was das Wollen, als subjektiv, was das Können betrifft) keineswegs der Religion, sondern, vermöge der reinen praktischen Vernunft, ist sie sich selbst genug."

Mit diesen Worten zu Beginn der Vorrede zur ersten Auflage seiner Schrift „Die Religion innerhalb der Grenzen der bloßen Vernunft" (1793)[1] hat Immanuel Kant das Programm einer autonomen Moral eingeleitet. Man kann kaum einen schärferen Gegensatz dazu finden als die Anrufung Marias im allerletzten Abschnitt der Enzyklika Johannes Paul II. *Fides et Ratio*.[2] Dort heißt es: „Wie Maria durch ihre Zustimmung zu der von Gabriel verkündeten Botschaft nichts von ihrem wahren Menschsein und ihrer Freiheit eingebüßt hat, so verliert das philosophische Den-

---

* Dieser Beitrag beruht auf einem vor der Arbeitsgruppe „Kirchenrecht und Staatskirchenrecht" der FEST, Heidelberg am 25.06.2005 gehaltenen Vortrag.

[1] Ed. *Weischedel*, Bd. 4, 649.

[2] Im folgenden verwende ich folgende Abkürzungen: VS – *Veritatis Splendor* (06.08.1993), EV – *Evangelium Vitae* (25.03.1995) und FR – *Fides et Ratio* (14.09.1998). Ich zitiere jeweils nach der offiziellen Zählung der Abschnitte und den von der Deutschen Bischofskonferenz verbreiteten deutschsprachigen Versionen in der Reihe „Verlautbarungen des Apostolischen Stuhls" (VApS).

ken nichts von seiner Autonomie, wenn es sich der Anfrage stellt, die von der Wahrheit des Evangeliums kommt. Das philosophische Denken erlebt vielmehr, daß sein ganzes Forschen zur höchsten Verwirklichung angespornt wird. Diese Wahrheit haben die heiligen Mönche des christlichen Altertums sehr gut verstanden, wenn sie Maria ‚den geistigen Tisch des Glaubens' nannten. In ihr erblickten sie das stimmige Abbild der Philosophie und waren überzeugt, sie müßten in Maria philosophieren [philosophari in Maria]." (FR 106) Dort autonome Vernunft, hier die ausdrückliche Aufgabenzuweisung der Philosophie als ancilla theologiae (FR 77).

Die drei Enzykliken *Veritatis Splendor*, *Evangelium Vitae* und *Fides et Ratio* bilden das wichtigste Vermächtnis Johannes Paul II. zu den Fragen der Moraltheologie und des Verhältnisses von Glauben und Vernunft.[3] In den Grundfragen und Konsequenzen dürfte Benedikt XVI. die Auffassungen seines Vorgängers teilen und weiterführen. Im folgenden sollen die wichtigsten Gehalte dieser Dokumente kurz analysiert und gelegentlich mit einer evangelischen Auffassung, die bemüht ist, die Einsichten Kants aufzunehmen, verglichen werden. Am Schluß möchte ich einige kritische Überlegungen im Blick auf das Gespräch zwischen Jürgen Habermas und Joseph Ratzinger vom Januar 2004 anfügen.

I. Aufklärung über die Natur des Menschen im Lichte des Evangeliums

Als *Veritatis Splendor* nach einer Beratungszeit von sechs Jahren 1993 erschien,[4] konzentrierte sich die erste Rezeption[5] auf die Frage, ob der Text eine lehramtliche Verurteilung einzelner

---

[3] Zur Soziallehre im engeren Sinne muß man vor allem noch die Enzykliken *Sollicitudo rei socialis* (1987) und *Centesimus annus* (1991) hinzunehmen.

[4] Zeitlich abgestimmt mit dem neuen „Katechismus der katholischen Kirche", deutscher Text München 1993.

[5] Vgl. MDKI 1/1994, 6–16, sowie den Sammelband *Dietmar Mieth* (Hg.), Moraltheologie im Abseits? Antwort auf die Enzyklika „Veritatis Splendor", Freiburg/Basel/Wien 1994.

Moraltheologen enthalte. Hans Küng hat sogar gemeint, erst auf der letzten Überarbeitungsstufe sei ein ursprünglich vorgesehener ausdrücklicher Unfehlbarkeitsanspruch für die Lehre dieser Moralenzyklika aus dem Text entfernt worden. Deutsche Bischöfe wie Lehmann oder Kasper betonten hingegen, daß die Enzyklika mutig „heiße Eisen“ anpacke und daß das Gespräch mit den Moraltheologen weitergehen müsse. Diese fühlten sich mehrheitlich durch die scharfen, aber bloß pauschal typisierenden und keine Namen nennenden Lehrverurteilungen nicht betroffen.[6]

Blickt man nach mehr als zehn Jahren auf die Enzyklika sowie die weiteren zahlreichen Beiträge Johannes Paul II. zu moraltheologischen Grundsatz- und Einzelfragen zurück, so muß man als erstes eine große Geschlossenheit und Kontinuität der Lehre feststellen. Dies betrifft die Aufnahme der Überlieferungen, insbesondere der Theologie Thomas' von Aquin, die Frage des Verhältnisses von Theologie und Philosophie, die grundlegende Stellung des Lehramtes, das Verständnis von Person und Gewissen und vieles mehr. Abgrenzungen von anderen Auffassungen erfolgen, anders als in der langdauernden Auseinandersetzung mit der Befreiungstheologie, zumeist indirekt und die Auseinandersetzung mit abweichenden Positionen wird vor allem den Ortsbischöfen zugewiesen, an die die Enzyklika adressiert ist.

In der ersten Phase des Beratungspozesses, aus dem die Moralenzyklika hervorging, fand im November 1988 in Rom ein internationaler Kongreß der Moraltheologen statt. In seiner Ansprache schlug Johannes Paul II. wichtige Motive an, die in die Enzyklika VS Eingang gefunden haben. Im Zentrum steht das Motiv der Erleuchtung des personalen Gewissens durch die Weisheit des Wortes Gottes. Mit dem Stichwort „Aufklärung im Lichte des Evangeliums“ hat Eberhard Jüngel in ähnlicher Weise

---

[6] Allerdings kann man durchaus indirekte Bezugnahmen auf einzelne römisch-katholische Moraltheologen ausmachen, aber mir scheint diesbezüglich *Karl-Wilhelm Merks* recht zu haben, wenn er notiert: „Was hier dargestellt wird, ist eine Karikatur. Ich weiß nicht, wer von den katholischen Moraltheologen sich hierin wiedererkennen könnte.“ So in seinem Beitrag: Autonome Moral, in: *Mieth* (Anm. 5), 46–68 (53).

die Zentralperspektive der Theologie Benedikt XVI. bezeichnet.[7] Es ist sicher kein Zufall, daß Johannes Paul II. sehr häufig die Metaphern von Licht, Erleuchtung und Glanz verwendet, und es zeigt sich bei genauerer Lektüre, daß er konsequent das Licht der Vernunft, wie es die Aufklärung verstand, dem Glanz der Wahrheit des Evangeliums ausgesetzt und auch untergeordnet wissen will. Vielleicht sogar noch stärker als sein Vorgänger betont Benedikt XVI. im Blick auf den Logos des Prologs des Johannesevangeliums, daß „am Anfang aller Dinge [...] die schöpferische Kraft der Vernunft steht". Er schreibt auch: „Durch seine Option für den Primat der Vernunft bleibt das Christentum auch heute ‚Aufklärung'." Welche Verhältnisbestimmung liegt dem zugrunde?

Nimmt man die hier maßgebliche spätere Enzyklika *Fides et Ratio* in den Blick, so ist offenkundig, daß vor allem der Theologie des Aquinaten bleibende Gültigkeit und Aktualität zuerkannt wird. Das zentrale Kapitel IV behandelt das Verhältnis von Glaube und Vernunft, und hier wird im mittleren Abschnitt ausdrücklich „die bleibende Neuheit des Denkens des hl. Thomas von Aquin" herausgestellt (43f). Betont wird vor allem die Harmonie, die nach Thomas zwischen Glaube und Vernunft besteht, weil beide, das „Licht der Vernunft und das Licht des Glaubens", von Gott kommen und sich darum streng genommen gar nicht widersprechen können (FR 43).[8] Und ebenso wird die zentrale Aussage aus der theologischen Summe bekräftigt: „Wie die Gnade die Natur voraussetzt und vollendet, so setzt der Glaube die Vernunft voraus und vollendet sie." (ebd.)[9] Die Vernunft erleidet keine Einbuße, wenn sie sich zu den Glaubensinhalten bekennt, und grundsätzlich soll dabei gelten: „Zu den Glaubensinhalten gelangt man in jedem Fall durch freie Entscheidung und das eigene Gewissen." (ebd.)

---

[7] *Frankfurter Allgemeine Zeitung* Nr. 112 vom 17.05.2005, 8.

[8] Im Blick auf *Thomas von Aquin*, Summa contra gentiles, I, VII. Siehe aber auch *Martin Luthers* Erläuterung zum 1. Artikel des Credo: „Ich gläube, daß mich Gott geschaffen hat sampt allen Kreaturn, mir Leib und Seel, Augen, Ohren und alle Glieder, *Vernunft und alle Sinne* gegeben hat und noch erhält [...]" (Kleiner Katechismus 1529, BSLK 510, 33; Hervorhebung WL).

[9] Unter Berufung auf Summa Theologiae I, 1, 8, ad 2: *„cum enim gratia non tollat naturam sed perficiat"*. Vgl. auch FR 75.

Die Grundzüge dieser Verhältnisbestimmung von Glaube und Vernunft findet man schon in der Ansprache des Papstes an die Teilnehmer des internationalen Kongresses für Moraltheologie vom 12.11.1988,[10] also aus der frühesten Zeit der Arbeit an der Moralenzyklika. Ausgehend von der Enzyklika *Humanae Vitae* (1968), die bekanntlich zu tiefgreifenden Kontroversen zwischen Lehramt und Moraltheologen in Fragen der Sexualethik geführt hatte, wird betont, daß es in der Moraltheologie nicht um eine von Menschen erfundene Lehre gehe, sondern diese Lehre ist „von der Schöpferhand Gottes in die Natur der menschlichen Person eingeschrieben und von ihm in der Offenbarung bekräftigt worden". Es heißt weiter: „Sie zur Diskussion [zu] stellen, bedeutet daher, Gott selbst den Gehorsam unseres Verstandes verweigern. Es bedeutet, daß wir das Licht unserer Vernunft dem Licht der göttlichen Weisheit vorziehen und damit in die Finsternis des Irrtums fallen, um schließlich noch weitere grundlegende Eckpfeiler der christlichen Lehre anzugreifen.

Man muß hier bedenken, daß *die Gesamtheit der Wahrheiten*, die dem Verkündigungsdienst der Kirche anvertraut sind, *ein einziges Ganzes, eine Art Symphonie* bildet, in der sich jede Einzelwahrheit harmonisch mit den anderen verbindet."[11]

Auch wenn *Veritatis Splendor* sich nur am Rande auf die kirchliche Lehre zur („künstlichen") Empfängnisverhütung bezieht, ist doch klar, daß von der herkömmlichen Auffassung nichts zurückgenommen oder relativiert wird.[12] Die kirchliche Lehre beansprucht, Normen zu erkennen und zu vertreten, die grundsätzlich jeder Mensch – gläubig oder nicht – kennt oder kennen kann, weil das Gesetz der Natur den Menschen „ins Herz geschrieben" ist (Röm 2,15). Unter Berufung auf Thomas von Aquin[13] heißt es: „Dieses natürliche Gesetz ist ‚nichts anderes als

---

[10] Osservatore Romano (deutsch) vom 25.11.1988, 8f.

[11] Ebd. (Hervorhebung WL).

[12] *Johannes Paul II.* hatte schon 1987 gesagt: „was die Kirche zur Empfängnisregelung lehrt, gehört nicht zu dem von Theologen inhaltlich offen Debattierbaren" – Osservatore Romano (englisch) Nr. 27 vom 06.07.1987, zit. nach *Richard A. McCormack S.J.*, Geburtenregelung als Testfall der Enzyklika, in: Mieth (Anm. 5), 271–284 (271).

[13] *In duo praecepta caritatis et in decem legis praecepta. Prologus* in: Opuscula theologica II, n.1129, Ed. *Taurinensis* 1954, 245; *ders.*, S.th. I–II, q.91, a.2; vgl. auch Katechismus der katholischen Kirche, Nr. 1955.

das von Gott uns eingegebene Licht des Verstandes. Dank seiner wissen wir, was man tun und was man meiden soll. Dieses Licht und dieses Gesetz hat Gott uns bei der Erschaffung geschenkt'." (VS 12) Der Glaube, erleuchtet von dem gottgegebenen Licht der Vernunft und näherhin so bestimmt, wie ihn das Lehramt versteht und letztgültig auslegt, steht nicht zur Diskussion der Vernunft, sondern fordert Gehorsam. Das Licht der Vernunft, dazu bestimmt, die Natur des Menschen und der Welt zu erhellen, leuchtet nur, wenn es selbst vom (kirchlich approbierten) Glauben erleuchtet ist.

II. Philosophie und Theologie

Indes war und ist das Verhältnis von Glaube und Vernunft höchst spannungsreich. Die neuzeitliche Entwicklung dieses Verhältnisses stellt sich in der Wahrnehmung der Enzykliken überwiegend als eine Trennungs- und Entfremdungsgeschichte dar. Dabei werden in *Fides et Ratio* nicht so sehr einzelne, identifizierbare Philosophen oder Philosophien kritisiert, sondern bestimmte Typen bzw. Überzeugungen dermaßen grobschlächtig herausgestellt, daß sich nicht einmal ein anständiger Marxist provoziert fühlen kann. Dieser Linie bleibt auch die Moralenzyklika treu. Ihre zentrale und maßgebliche Intention besteht indes darin, jeden Reduktionismus in der Anthropologie zu kritisieren, welcher die religiöse Dimension der Verfassung und Bestimmung des Menschen verkennt, leugnet oder ausdrücklich bestreitet.

Zwar verzichtet das Lehramt darauf, eine eigene Philosophie vorzulegen, vorzuschreiben oder auch nur „auf Kosten der anderen" vorzuziehen (FR 49), reklamiert aber für sich die Aufgabe, „anzugeben, welche philosophischen Voraussetzungen und Schlußfolgerungen mit der geoffenbarten Wahrheit unvereinbar wären, und zugleich die Forderungen zu formulieren, die der Philosophie unter dem Gesichtspunkt des Glaubens auferlegt werden". (FR 50) Gleichzeitig wird die grundsätzlich anerkannte philosophische Pluralität insofern relativiert, als ausdrücklich „die bleibende Neuheit [!WL] des Denkens des hl. Thomas von Aquin" als vorbildlich herausgestrichen wird, und dies wiederum besonders im Blick auf die „Harmonie“ von Natur und Gnade, Vernunft und Glaube (FR 43f).

Johannes Paul II. hat an philosophischen Fragestellungen und Diskursen stets intensiv Anteil genommen. Er hat viele Jahre lang im Sommer zu den Castelgandolfo-Gesprächen eingeladen, deren Teilnehmer überwiegend aus dem Umkreis des Wiener „Institut für die Wissenschaften vom Menschen“ (IWM) stammten.[14] Teilnehmende berichten übereinstimmend, daß der Papst ein aufmerksamer, unvoreingenommener Zuhörer war. Einen Widerhall dieser Gespräche darf man wohl in der Enzyklika von 1998 finden, wenn es auf der einen Seite heißt, daß das philosophische „Mißtrauen gegen die umfassenden und absoluten Aussagen“ und die Auffassung, „die Wahrheit sei das Ergebnis eines Konsenses und nicht der Anpassung des Verstandes an die objektive Wirklichkeit“ durchaus verständlich seien, aber im Gegenzug ermutigt der Papst die christlichen und ausdrücklich auch die nichtchristlichen Philosophen, „sich bei ihrem Philosophieren nicht zu bescheidene Ziele zu setzen“: „Es ist der Glaube, der die Vernunft dazu herausfordert, aus jedweder Isolation herauszutreten und für alles, was schön, gut und wahr ist, etwas zu riskieren. So wird der Glaube zum überzeugten und überzeugenden Anwalt der Vernunft.“ (FR 56)

III. Freiheit und Gesetz

Die Moralenzyklika umfaßt drei Kapitel. Nach einer knappen Einleitung hat das erste Kapitel den Charakter einer einführenden Homilie über die Frage des reichen Jünglings im Evangelium (Mt 19,16ff). Hier findet sich der Schlüsselsatz: *„Nur Gott kann auf die Frage nach dem Guten antworten, weil er das Gute ist.“* (VS 9)[15] Den sachlichen Kern der Moralenzyklika bildet

---

[14] Das Institut gründete der polnische Philosoph *Krysztof Michalski* mit Unterstützung des Wiener Kardinals König und Befürwortung durch den Papst. *Michalski* hat in einem Nachruf hervorgehoben, daß der Papst sich niemals in die inhaltlichen Positionsbestimmungen und Arbeiten des Instituts eingemischt habe.

[15] In Mt 19,17 steht freilich nicht το αγαθον, sondern ο αγαθος! *Karl Barth* hat in seiner Kirchlichen Dogmatik ebenfalls diesen Abschnitt zur Verdeutlichung der

deren zweites Kapitel, während das dritte Kapitel ganz unterschiedliche Fragen der Pastoral, der Neuevangelisierung und der Aufgaben der Moraltheologen anspricht.

Der Hinweis auf Mt 19,17 bildet Ausgangspunkt, Mitte und Ziel der Enzyklika: „Jesus führt die Frage nach dem sittlich guten Tun zurück auf ihre religiösen Wurzeln, auf die Anerkennung Gottes, des einzig Guten, Fülle des Lebens, Endziel des menschlichen Handelns, vollkommene Glückseligkeit." (9) Dieses Gute ist den Menschen ins Herz geschrieben (Röm 2,15) und ist als solches „natürliches Gesetz" – „das von Gott uns eingegebene Licht des Verstandes" (12). Der Dekalog und das Doppelgebot der Liebe lehren die wahre Bestimmung jedes Menschen als unverwechselbarer Person (13).

Den homilieartigen Abschnitten dieses ersten Teils der Enzyklika werden sicher auch die Glieder anderer Kirchen zustimmen können, denn hier wird eine theozentrische Freiheits- und Nachfolge-Ethik vorgestellt (17–21), welche den freien Gesetzesgehorsam als Frucht der vorausgehenden Evangeliumsverkündigung versteht (23). Mit einem Augustin-Zitat wird eine Zuordnung von Evangelium und Gebot vertreten, die der Auffassung Karl Barths nicht fern ist:

„So faßt der hl. Augustinus wiederum auf wunderbare Weise die paulinische Dialektik von Gesetz und Gnade zusammen: ‚Deswegen ist das Gesetz gegeben worden, damit man die Gnade erbitte; die Gnade wurde gegeben, damit man das Gesetz befolge'.[16] Die Liebe und das Leben nach dem Evangelium dürfen nicht zuerst in der Gestalt des Gebots gedacht werden, denn das, was sie verlangen, geht über die Kräfte des Menschen hinaus: sie sind nur möglich als Frucht einer Gabe Gottes, der durch seine Gnade das Herz des Menschen heil und gesund macht und es umgestaltet: ‚Denn das Gesetz wurde durch Mose gegeben, die Gnade und Wahrheit kamen durch Jesus Christus' (Joh 1,17). Darum ist die Verheißung des ewigen Lebens an die Gabe der Gnade gebunden, und das Geschenk des Geistes, das wir emp-

---

Besonderheit einer christlich-theologischen Ethik herangezogen; vgl. *ders.*, Kirchliche Dogmatik, Bd. II/2, § 37,3, 681–701.

[16] *Augustinus*, De spiritu et littera, 19,34.

fangen haben, ist bereits ‚der erste Anteil unseres Erbes' (Eph 1,14)." (VS 23)

Was aber näherhin dieses Wort Gottes ist, das freien Glauben und Gehorsam ermöglicht, und wie es verbindlich zu erklären ist, das ist „*nur dem lebendigen Lehramt der Kirche anvertraut*",[17] denn der Kirche kommt es zu, „auch über menschliche Dinge jedweder Art zu urteilen, insoweit die Grundrechte der menschlichen Person oder das Heil der Seelen dies erfordern" (VS 27).[18]

IV. Die Freiheit aus der Wahrheit

In sehr vielen Punkten decken sich die Überzeugungen Johannes Paul II. und Benedikt XVI., ganz gewiß im Verständnis der Wahrheit und ihres Verhältnisses zur menschlichen Freiheit. Beide Päpste waren und sind zutiefst davon überzeugt, daß es eine universale, absolute Wahrheit gibt (FR 27 und 51), daß diese vielfach von Gott geschichtlich[19] offenbart und in abschließender Gestalt in Jesus Christus zum Licht der ganzen Welt geworden ist, daß diese Wahrheit sowohl in den beiden „Erkenntnisordnungen" (FR 34) von Glaube und Vernunft, Theologie und Philosophie, wahrgenommen und anerkannt werden kann, und daß Auftrag, Aufgabe und Würde des Lehramtes darin bestehen, diese „objektive Wahrheit" zu bezeugen und als für alle Gläubigen verbindlich zu erklären (VS 76).

Nicht ausdrücklich, aber mittelbar sehr eindeutig hat das Lehramt insbesondere in der lange umstrittenen Frage einer sogenannten autonomen Moral im Kontext des christlichen Glaubens in den Enzykliken Stellung bezogen.[20] Die Überschrift

---

[17] Kursivierung im Original.

[18] Zit. CIC 1983, c. 747 § 2.

[19] Die Offenbarung Gottes ist danach „eingebettet in Zeit und Geschichte" (FR 11), wie überhaupt Kap. I von FR einen geschichtlich-heilsgeschichtlichen Rahmen skizziert.

[20] Vgl. die umsichtige Darstellung bei *Walter Schöpsdau*, Wie der Glaube zum Tun kommt. Wege ethischer Argumentation im evangelisch-katholischen Dialog und in der Zusammenarbeit der Kirchen, Göttingen 2004, 35–70. Siehe dazu auch,

des maßgeblichen Kapitels der Moralenzyklika ist ein Zitat: „Gleicht euch nicht der Denkweise dieser Welt an“ (Röm 12,2). Die Aufgabe des Kapitels lautet: „Die Kirche und die Beurteilung einiger Tendenzen heutiger Moraltheologie.“ Im Zentrum steht die Auseinandersetzung mit unterschiedlichen, allerdings nur sehr vage umschriebenen Auffassungen von Freiheit und Autonomie. Der Kern der kirchlichen Lehre dazu lautet: „Die richtige Autonomie der praktischen Vernunft bedeutet, daß der Mensch ein ihm eigenes, vom Schöpfer empfangenes Gesetz als Eigenbesitz in sich trägt. Doch *die Autonomie der Vernunft kann nicht die Erschaffung der Werte und sittlichen Normen* durch die *Vernunft bedeuten.* Würde eine solche Autonomie die Leugnung der Teilhabe der praktischen Vernunft an der Weisheit des göttlichen Schöpfers und Gesetzgebers einschließen oder einer schöpferischen Freiheit das Wort reden, die je nach den historischen Umständen oder der Verschiedenheit von Gesellschaften und Kulturen sittliche Normen hervorbringt, dann stünde eine solchermaßen bekämpfte Autonomie im Gegensatz zur Lehre der Kirche über die Wahrheit vom Menschen.“ (VS 40)

Daraus folgt: „*Wahre sittliche Autonomie* des Menschen bedeutet in der Tat nicht Ablehnung, sondern nur Annahme des Sittengesetzes, des Gebotes Gottes: ‚Gott der Herr gebot dem Menschen [...]‘ (Gen 2,16). *Die Freiheit des Menschen und das Gesetz Gottes begegnen einander und sind aufgerufen, sich* im Sinne des freien Gehorsams des Menschen gegenüber Gott und des unverdienten Wohlwollens Gottes gegenüber dem Menschen *gegenseitig zu durchdringen.*“ (VS 41)[21]

Diese Auffassung charakterisiert die Enzyklika als „partizipative Theonomie“, und zwar ganz traditionell – in Übereinstimmung mit dem Aquinaten, dem Tridentinum, Leo XIII. und dem II. Vatikanum – als gehorsame Unterordnung der Vernunft unter

---

neben dem schon erwähnten Beitrag von Karl-Wilhelm Merks, *Bernhard Fraling*, „Freiheit und Gesetz“. Gedanken zur Enzyklika „Veritatis Splendor“, in: *Mieth* (Anm. 5), 129–143.

[21] Die Formulierung erinnert an *Dietrich Bonhoeffers* Verhältnisbestimmung von Freiheit und Gehorsam im Leben der Nachfolge, welche wiederum maßgeblich bestimmt ist durch *Luthers* Traktat „Von der Freiheit eines Christenmenschen“ (1520). *Bonhoeffer* hat im Blick auf den reichen Jüngling des Evangeliums diese zwei Sätze hervorgehoben: „Nur der Glaubende ist gehorsam, und nur der Gehorsame glaubt.“ (Nachfolge [1937], München 1989, DBW 4, 52).

Gottes Weisheit und Gesetz (VS 41 und 46). Dieses Verständnis von Theonomie wird immer wieder scharf von der Vorstellung abgegrenzt, daß die menschliche Freiheit eine ursprünglich schöpferische Freiheit sein könne, denn dabei werde die gesamte Natur „nur noch zum Rohmaterial für das menschliche Handeln und Können verkürzt: Sie müßte von der Freiheit von Grund auf umgeformt, ja überwunden werden, da sie die Begrenzung und Verneinung der Freiheit darstellte." (VS 46)[22] Allerdings wird dann unter Berufung auf Leo XIII. die berufene Theonomie dann so verstanden, daß das Naturgesetz – auf dessen unfehlbarer Erkenntnis und Auslegung nun einmal auch die sexualethische Lehre der Kirche beruht – das „*ewige Gesetz selbst*" ist (VS 44).[23] Dieses Gesetz wird wiederum als Gesetz der Natur wie der Offenbarung im Sinne des umfassenden Sittengesetzes verstanden, so wie die Kirche dieses in *evangelio et lege* empfangen und stets erhalten hat, versteht, bezeugt und verbindlich deutet (VS 45). Bestimmt man derart das Verhältnis von Naturgesetz und ewigem Gesetz im Sinne einer strengen Identität, dann fällt die Möglichkeit der geschichtlichen Veränderung der Normen des Sittengesetzes weg, die der Aquinate sorgfältig erörtert hat.[24]

V. Die Natur der Person und ihre Physis

Während die Enzyklika *Fides et Ratio* in ihrer Verfallsgeschichte der neuzeitlichen Philosophie (FR 45–48) vor allem einige

---

[22] Anhand derartiger Äußerungen kann man einerseits schön zeigen, daß und inwiefern das Lehramt sich gegen alle Gedanken von einer autonomen Selbstkonstitution des Menschen durch immer weiter ausgreifende Manipulationen alles „Natürlichen" wendet, wie aber auf der anderen Seite damit die moraltheologischen Vertreter einer „autonomen Moral" (*Alfons Auer u.a.*) gerade nicht getroffen werden. Als Beispiel für derartige Zerrbilder siehe den Beitrag von *Jerzy Bajda*, „Moral ohne Sünde im Verständnis von Dietmar Mieth", sowie *Mieths* Antikritik: Die Moralenzyklika, die Fundamentalmoral und die Kommunikation in der Kirche, in: *Mieth* (Anm. 5), 9–24 (18–20).

[23] Hervorhebung im Original.

[24] *Thomas von Aquin*, Summa theologiae, Bd. I–II, q. 94 a. 5. So *Fraling* (Anm. 20), 141.

„-ismen“ wie atheistischen Humanismus, Positivismus, Agnostizismus und Relativismus aufführt und insgesamt jede Philosophie für defizitär und damit objektiv unzureichend erklärt, die nicht mehr den Mut zur Frage nach Gott und dem *summum bonum* hat, bezieht sich die Moralenzyklika vor allem auf Positionen, die sie als „Physizismus“ oder „Naturalismus“ bezeichnet (VS 47). Im Kern geht es um die Auseinandersetzung mit dem häufig vorgebrachten Argument, daß die römisch-katholische Kirche insbesondere in Sachen der Sexualethik und Ehemoral biologische Sachverhalte normativ deute und gleichzeitig verkenne, daß der Schöpfergott den Menschen so geschaffen habe, daß dieser zu eigenständiger, selbstverantwortlicher Lebensführung in Gemeinschaft auch und besonders *in sexualibus* befähigt sei.

Manche Probleme erwachsen hier aus einem nicht hinreichend klaren und differenzierten Naturverständnis. Zurecht abgelehnt wird jene Auffassung, die meint, daß der Leib eines Menschen gleichsam „Rohmaterial, bar jeglichen Sinnes und moralischen Wertes“ (VS 48) und zu beliebiger Verfügung sei, aber wer würde – außer es wäre ein Feind allen Rechts und aller Sittlichkeit – derlei Unsinn behaupten? Demgegenüber ist leichter zu sehen, daß die Enzyklika in dem Sinne ein teleologisches Naturverständnis vertritt, daß es der „Natur“ des Menschen als einer leib-seelischen Person widerspricht, wenn „Manipulationen der Leiblichkeit, die deren menschliche Bedeutung verfälschen“, vorgenommen werden (VS 50). Demgegenüber gilt in allererster Linie der Grundsatz des umfassenden Würde- und Lebensschutzes schlechthin jedes Menschen, denn es ist „moralisch immer unerlaubt [...], einen unschuldigen Menschen zu töten“ (ebd.). Von diesem Grundsatz her muß die gesamte römisch-katholische Position gewürdigt werden. Die Moraltheologie bezieht hier wie in einer Ellipse zwei Brennpunkte aufeinander: Die in Jesus Christus abschließend geoffenbarte Wahrheit Gottes, der für jeden Menschen gestorben ist, und die darin begründete unverletzliche Personalität und Würde jedes Menschen. Christologische Begründung und anthropologischer Personalismus bilden damit den Rahmen, innerhalb dessen die Urteilskriterien und Weisungen der Soziallehre zu konkretisieren sind.

Hinsichtlich des Schutzes menschlichen Lebens und menschlicher Würde ist diese Theologie bewundernswert konsequent. Sie ist schon weniger eindrücklich, wenn es um die verantwortliche Wahl zwischen Handlungsalternativen der Lebensführung geht, und sie verliert leicht ihre Orientierungskraft, wenn es um schwer oder gar nicht lösbare Konflikte zwischen Leitprinzipien der Moral in konkreten Situationen geht. Das ist zwar nicht neu an der römisch-katholischen Moraltheologie, aber die Menschenfreundlichkeit des ursprünglichen Impulses weicht immer wieder einer schroffen Gesetzlichkeit; ein Ausdruck dessen ist, daß die alte Lehre von den „in sich schlechten Handlungen“ recht undifferenziert erneuert wird (VS 79–82). Es gibt danach Handlungen, „die durch sich selbst und in sich, unabhängig von den Umständen, wegen ihres Objekts immer schwerwiegend unerlaubt sind“. (VS 80) Dies läßt keine legitime Ausnahme zu: „Ist einmal die sittliche Artbestimmung einer von einer allgemeingültigen Regel verbotenen konkret definierten Handlung erkannt, so besteht das sittlich gute Handeln allein darin, dem Sittengesetz zu gehorchen und die Handlung, die es verbietet, zu unterlassen.“ (VS 67) Dies führt zirkulär wieder zum Freiheitsverständnis zurück: Sittliches Handeln beruht in seiner Würde, im Gelingen wie im Scheitern, auf bewußten und freien Wahlakten, aber nur das ist wahre Freiheit beziehungsweise auf die Wahrheit (des Evangeliums und der *lex naturae*) bezogener Freiheitsgebrauch, der sich auf diejenigen Güter bezieht, die zu erstreben das Gesetz Gottes bzw. das „Naturgesetz“ vorschreiben. Darum heißt es ausdrücklich: „Das Handeln ist sittlich gut, wenn die der Freiheit entspringenden Wahlakte *mit dem wahren Gut des Menschen übereinstimmen* und damit Ausdruck der willentlichen Hinordnung der Person auf ihr letztes Ziel, also Gott selber, sind: Das höchste Gut, in dem der Mensch sein volles und vollkommenes Glück findet.“ (VS 72)

In diesem Zusammenhang der Frage nach dem sittlich guten Handeln geht die Moralenzyklika auch auf die Diskussion um eine „autonome Moral“ ein – wobei deren akademische Vertreter durchweg die Autonomie im christlichen Kontext verstehen und auslegen. Hier wird die Enzyklika freilich extrem ungenau, insofern sie Positionen „autonomer Moral“ (von Moraltheologen) tendenziell mit Auffassungen gleichsetzt, die man gemeinhin als

„Konsequenzialismus“ oder „Proportionalismus“ versteht und die besonders profiliert in einem areligiös oder atheistisch akzentuierten Utilitarismus begegnen. Doch die Auseinandersetzung damit wird nicht ernsthaft geführt. Statt dessen wird in dem Unterabschnitt, der überschrieben ist: „Der Gegenstand der freien menschlichen Handlung“, kurz und knapp festgestellt: „Die Gläubigen sind verpflichtet, die spezifischen, von der Kirche im Namen Gottes, des Schöpfers und Herrn, vorgelegten und gelehrten sittlichen Gebote anzuerkennen und zu achten.“ (VS 76)[25]

VI. Gewissen und Wahrheit

Das alles hat natürlich Konsequenzen für die Auffassungen von Gewissen und Gewissensfreiheit. Das Licht des Evangeliums und das Licht der Vernunft treffen sich gleichsam am „Ort“ des Gewissens, im Zentrum einer Person, im, wie Luther gesagt hat, „inneren Menschen“.[26] Vom Gewissen hat das II. Vatikanische Konzil gelehrt, daß es „die verborgenste Mitte und das Heiligtum im Menschen [ist], wo er allein ist mit Gott, dessen Stimme in diesem seinem Innersten zu hören ist“. Es kann geschehen, so das Konzil, daß „das Gewissen aus unüberwindlicher Unkenntnis irrt, ohne daß es dadurch seine Würde verliert“,[27] was freilich nicht gilt, wenn der Mensch sich nicht ernstlich um Erkenntnis der Wahrheit bemüht hat. Diese relativ offene Auffassung der Lehre vom (auch irrenden) Gewissen, die man im Zusammenhang der Spannung zwischen lehramtlichen Auffassungen und praktizierter Sexualethik sehen muß, hat Johannes Paul II. energisch korrigiert. Weil es letztlich nur eine Wahrheit gibt, weil diese universal und überall gültig ist, und weil sie erkannt wer-

---

[25] Unter ausdrücklichem Rückbezug auf das Tridentinum.

[26] *Luthers* Unterscheidung von „innerem“ und „äußerem“ Menschen, in die die entsprechende Lehre *Platons* Eingang gefunden hat, meint mit „innen“ nicht die subjektive Frömmigkeit oder religiöse Gestimmtheit eines Menschen, sondern den Kern der Person, die „Seele“ (*anima, homo spiritualis*), wo das Wort Gottes die Existenz des Menschen im Innersten trifft und verwandelt; man vgl. dazu besonders den ersten Teil von *Luthers* „Von der Freiheit eines Christenmenschen“ (1520).

[27] Pastoralkonstitution „*Gaudium et Spes*“, 16.

den kann, ja zuverlässig mit Hilfe des heiligen Geistes und unter der Führung des kirchlichen Lehramtes erkannt wird, darum kann das individuelle Gewissen nicht der Ursprung der Wahrheitserkenntnis, sondern nur der Ort der Anerkenntnis der geoffenbarten Wahrheit sein. Auf dem erwähnten Kongreß 1988 hat daher Johannes Paul II. die Berufung auf das individuelle Gewissen als einer maßgeblichen Instanz klar und schroff zurückgewiesen: „Da das Lehramt der Kirche von Christus dem Herrn eingesetzt ist, um das Gewissen zu erleuchten, bedeutet die Berufung auf dieses Gewissen, gerade um die vom Lehramt verkündete Lehre zu bestreiten, eine Ablehnung der katholischen Auffassung sowohl vom Lehramt, als auch vom sittlichen Gewissen."[28]

Diese Position ist schlüssig unter der Voraussetzung, daß die Wahrheitserkenntnis des Lehramtes jederzeit und überall und in Ansehung aller möglichen Gegenstände der Lehre unfehlbar ist. *Veritatis Splendor* hat diese Position bekräftigt und dem Verhältnis von Gewissen und Wahrheit einen eigenen Abschnitt gewidmet (VS 54–64), in dem ich eine bewußte, wenn auch nicht ausdrückliche Korrektur der konziliaren Pastoralkonstitution *Gaudium et Spes* sehe. Zwar wird an dieses Dokument erinnert, aber ausdrücklich wird in VS die Auffassung vom Gewissen als einer „schöpferischen" Instanz zurückgewiesen (54), desgleichen wird die Annahme „pastoraler" Lösungen für konkrete Fälle kritisiert, und schließlich wird unter Aufnahme einer früheren Enzyklika[29] die Ein- und Unterordnungspflicht jedes individuellen Gewissens unter die (lehramtlich verbürgte) Autorität des Naturgesetzes herausgestellt: „Das Urteil des Gewissens begründet nicht das Gesetz, aber es bestätigt die Autorität des Naturgesetzes und der praktischen Beziehung in Beziehung zum höchsten Gut, dessen Anziehungskraft die menschliche Person erfährt und dessen Gebote sie annimmt: ‚Das Gewissen ist keine autonome und ausschließliche Instanz, um zu entscheiden, was gut und böse ist; ihm ist vielmehr ein Prinzip des Gehorsams gegenüber der objektiven Norm tief eingeprägt, welche die

---

[28] Osservatore Romano deutsch, wie Anm. 10.

[29] *Dominum et vivificantem* vom 18.05.1986; vgl. auch die Dokumente des II. Vatikanum *Gaudium et Spes*, 16, und *Dignitatis humanae*, 3.

Übereinstimmung seiner Entscheidungen mit den Geboten und Verboten begründet und bedingt, die dem menschlichen Verhalten zugrunde liegen.'" (VS 60)

Man kann an dieser Stelle sehr gut eine grundlegende Differenz zu einem evangelischen Gewissensverständnis erkennen. Auch in der evangelischen Theologie dürfte darin Übereinstimmung bestehen, daß das menschliche Gewissen keine „autonome und ausschließliche Instanz, um zu entscheiden, was gut und böse ist", sein kann, weil ein solcher Anspruch Ausdruck der unüberbietbaren Hybris wäre, wie Gott selbst sein und erkennen zu wollen und zu können.[30] Hingegen wird man in evangelischer Theologie den „Gehorsam gegenüber der objektiven Norm" gerade nicht als Gegeninstanz aufbieten, sondern den Gehorsam gegenüber dem lebendigen Gott, wie er allein in Jesus Christus als gegenwärtig geglaubt wird. Dietrich Bonhoeffer schreibt in einem Abschnitt seiner „Ethik" im Blick auf den von Gott gerechtfertigten Menschen, der von sich aus eben nicht den Unterschied von ‚gut' und ‚böse' selbstmächtig erkennt und bestimmt: „Um Christus wissend erkennt er und anerkennt er ja die ihm geltende Erwählung Gottes, steht er selbst nicht mehr als der Wählende zwischen Gut und Böse, also in der Entzweiung, sondern als der Erwählte, der gar nicht mehr wählen kann, sondern schon gewählt hat indem er erwählt ist, in der Freiheit und Einheit des Tuns des Willens Gottes."[31] Ich denke, daß auch römisch-katholische Theologie diese Grundauffassung anerkennen könnte, aber damit unvereinbar scheint mir eine konstitutive, urteilsleitende und abschließend autoritative Mittlerstellung eines kirchlichen Lehramtes zu sein. Dieses kann und soll nach evangelischer Überzeugung der Gewissensbildung aller Menschen *dienen*, die Gewissen aber nicht *unterwerfen* oder gar *zwingen*. Dieser Auffassung kommt VS durchaus nahe, wenn betont wird, daß das Lehramt eine große Hilfe für die Gewissensbildung sein will – „Die Kirche stellt sich immer in den *Dienst des Gewissens*".[32] Doch wird gleichzeitig eingeschärft, daß dies nicht für ein schuldhaft irrendes Gewissen gelten kann

---

[30] Siehe dazu beispielsweise in *Dietrich Bonhoeffers* „Ethik" (DBW 6, München 1992) den Abschnitt über „Die Liebe Gottes und der Zerfall der Welt", 301–341.

[31] Ebd., 319.

[32] Kursiv im Original VS 64.

und darf (VS 60–63). Johannes Paul II. hat deshalb auf dem schon erwähnten Kongreß für Moraltheologie 1988 klar und eindeutig gesagt: „Da das Lehramt der Kirche von Christus dem Herrn eingesetzt worden ist, um das Gewissen zu erleuchten, bedeutet die Berufung auf dieses Gewissen, gerade um die vom Lehramt verkündete Lehre zu bestreiten, eine Ablehnung der katholischen Auffassung sowohl vom Lehramt, als auch vom sittlichen Gewissen."[33]

VII. Lehramt und Gehorsam

Erneut stoßen wir also auf die zentrale Funktion der traditionellen Auffassungen von Lehramt und Gehorsam, welche von Johannes Paul II. in Fragen der Moral allerdings deutlich verschärft worden sind. Einerseits wird zwar betont, daß das Lehramt zuerst eine Hilfe sein will. Auf der anderen Seite ist damit zugleich die Erwartung verbunden, daß diese Hilfe nicht nur gern empfangen, sondern daß sie auch als verbindlich akzeptiert wird. „Bei ihrer Gewissensbildung müssen [...] die Christgläubigen die heilige und sichere Lehre der Kirche sorgfältig vor Augen haben. Denn nach dem Willen Christi ist die katholische Kirche die Lehrerin der Wahrheit [...]". (VS 64) Entscheidend ist im Blick auf die Wahlfreiheit der Vernunft und die Gewissensfreiheit: „Die Gläubigen sind verpflichtet, die spezifischen [! WL], von der Kirche im Namen Gottes, des Schöpfers und Herrn, vorgelegten und gelehrten sittlichen Gebote anzuerkennen und zu achten." (VS 76)

An dieser Stelle wird ausdrücklich auf das Rechtfertigungsdekret des Konzils von Trient von 1547 hingewiesen, wo es heißt: „Wer sagt, im Evangelium sei nichts vorgeschrieben außer dem Glauben, das übrige sei gleichgültig (*indifferentia*), weder vorgeschrieben noch verboten, sondern frei: oder die zehn Gebote hätten keine Bedeutung für die Christen: der sei mit dem Anathema belegt."[34] Die entscheidende Differenz zu einer historisch-

[33] Osservatore Romano deutsch, wie Anm. 10.

[34] Can. 19, in: *Heinrich Denzinger/Peter Hünermann* (Hg.), Kompendium der Glaubensbekenntnisse und kirchlichen Lehrentscheidungen, Freiburg ^{40}2005, 1569.

reformatorischen oder heutigen evangelischen Auffassung liegt hier freilich gar nicht in der Frage der Geltung der zehn Gebote oder der sittlichen Weisungen der Bibel, sondern erneut in der Entscheidung darüber, wer hier wie die maßgebliche Entscheidungsbefugnis wahrnehmen kann und soll. Das römische Selbstverständnis kommt in dieser Hinsicht sehr schön in VS 96 zum Ausdruck: „Die Festigkeit der Kirche bei der Verteidigung der universalen und unveränderlichen sittlichen Normen hat nichts Unterdrückendes an sich. Sie dient einzig und allein der wahren Freiheit des Menschen: Da es außerhalb der Wahrheit oder gegen sie keine Freiheit gibt, muß die kategorische, das heißt unnachgiebige und kompromißlose Verteidigung des absolut unverzichtbaren Erfordernisses der personalen Würde des Menschen Weg und sogar Existenzbedingung für die Freiheit genannt werden."

Die Pointe dieser sorgfältig formulierten Stelle sehe ich nun darin, daß die bisweilen so schroff und abweisende „Festigkeit" der Kirche nicht – wie freilich an anderen Stellen – mehr oder weniger für die gesamte Morallehre und jedenfalls für das gesamte Feld des (herkömmlichen) Naturrechts in Anspruch genommen wird, sondern für die Verteidigung der „wahren Freiheit" des Menschen und dessen „personaler Würde". Dies kann und muß man auch und nicht zuletzt im Sinne Kants als einen kategorischen Imperativ verstehen, hat doch Kant selbst in einer für ihn eher ungewöhnlich emphatischen Weise „das Heiligste, was Gott auf Erden hat, das *Recht der Menschen*", als „Augapfel Gottes" bezeichnet.[35] *Wenn* derart der bleibende Kern dessen, was früher Naturrecht hieß, heute als Inbegriff der Menschenrechte verstanden werden muß, *dann* kommen hier römisch-katholische Moraltheologie, evangelische Sozialethik und aufklärerische Sozialphilosophie überein.

---

[35] *Immanuel Kant*, Zum ewigen Frieden (1795), BA 27, ed. *Weischedel*, Bd. 6, 207. *Kant* spielt damit vermutlich auf Sach 2,12 an: „Wer euch antastet, der tastet meinen Augapfel an."

VIII. Ausblick: Zum Gespräch Habermas – Ratzinger

Im Januar 2004 trafen sich Jürgen Habermas und Joseph Ratzinger auf Einladung der katholischen Akademie in Bayern zu einem Gesprächsabend über die „vorpolitischen moralischen Grundlagen eines freiheitlichen Staates".[36] Ausgangspunkt war die viel zitierte These Ernst-Wolfgang Böckenfördes: „Der freiheitliche, säkularisierte Staat lebt von Voraussetzungen, die er selbst nicht garantieren kann."[37] Habermas, der sich in früheren Publikationen wenig oder eher nur am Rande mit Fragen der Religion befaßt hat, hat seit seiner Friedenspreisrede von 2001[38] zunehmend nach der Bedeutung von Religion(en) unter den Bedingungen einer „nachmetaphysischen" Moderne gefragt. Zwar hat Habermas (bisher) keine explizit religionsphilosophi-

---

[36] Siehe den Bericht und die erste Dokumentation in: „zur debatte. Themen der Katholischen Akademie in Bayern", 1/2004. Der Beitrag von *Habermas* „Vorpolitische Grundlagen des demokratischen Rechtsstaates?" ist u.a. wieder abgedruckt in: *ders.*, Zwischen Naturalismus und Religion. Philosophische Aufsätze, Frankfurt a.M. 2005, 106–118; *Ratzingers* Beitrag erschien unter dem Titel „Was die Welt zusammenhält. Vorpolitische freiheitliche Grundlagen eines freiheitlichen Staates" in: *ders.*, Werte in Zeiten des Umbruchs, Freiburg i.Br. 2005, 28–40. Ich zitiere im folgenden nach diesen Veröffentlichungen mit den Siglen H und R sowie Seitenangabe. Es liegt auch eine gemeinsame Publikation beider Beiträge vor: *Habermas/Ratzinger*, Dialektik der Säkularisierung. Über Vernunft und Religion, Vorwort *Florian Schuller*, Freiburg i.Br. 2005.

[37] Die Entstehung des Staates als Vorgang der Säkularisation (zuerst in: Säkularisation und Utopie. Ebracher Studien, Ernst Forsthoff zum 65. Geburtstag, Stuttgart 1967, 75–94), in: *ders.*, Staat, Gesellschaft, Freiheit, Frankfurt a.M. 1976, 42–64 (60), ebenfalls wieder in *ders.*, Recht. Staat. Freiheit, Frankfurt a.M. 1991, 92–114 (112). Die Fragestellung entstammt *Böckenfördes* langjähriger Auseinandersetzung mit der Rechtsphilosophie *Hegels*, auf dessen Verhältnisbestimmung von Staat und Religion in der „Enzyklopädie" von 1830 er sich ausdrücklich bezieht. Bei *Hegel* heißt es im letzten Satz des § 552: „Die Sittlichkeit des Staates und die religiöse Geistigkeit des Staates sind sich so die gegenseitigen festen Garantien." (Theorie Werkausgabe 10, 365) *Böckenförde* notiert dazu in Anm. 50: „Das Problem des Verhältnisses von Staat und Religion ist hier auf einer Höhe geistiger Reflexion diskutiert, die seither nicht wieder erreicht worden ist." (64) *Böckenförde* hat seine *Hegel*-Auffassung später erneut verdeutlicht in: *ders.*, Der Staat als sittlicher Staat, Berlin 1978.

[38] Glauben und Wissen, Frankfurt a.M. 2001. Zuvor hatte sich *Habermas* in einem Gespräch mit *Eduardo Mendieta* zu religiösen und theologischen Fragen geäussert: Ein Gespräch über Gott und die Welt (zuerst in: Jb. f. Politische Theologie 3, 1999, 190–211), in: *ders.*, Zeit der Übergänge, Frankfurt a.M. 2001, 173–196.

schen Arbeiten vorgelegt,[39] aber im Gespräch mit Ratzinger geht er davon aus, daß sich die Philosophie gegenüber Religionen und Religionsgemeinschaften grundsätzlich lernbereit verhält, „sofern sie nur Dogmatismus und Gewissenszwang vermeiden" (H 115). Ratzinger wiederum hat in seiner gesamten Laufbahn als Fundamentaltheologe und Dogmatiker sowie als Bischof und Präfekt der Kongregation für die Glaubenslehre das Gespräch mit der Philosophie gesucht und geführt.

Habermas argumentiert in seinen Beiträgen zur Religion in der Gegenwart aus einer teilnehmenden Beobachterperspektive. Im Unterschied zu einem sich selbst als allgemein verbindlich setzenden politischen Liberalismus rein säkularer Prägung, welcher für einen in Sachen Religion systematisch farbenblinden und ahnungslosen, religionsdistanzierten Staat plädiert, insistiert Habermas darauf, daß im dialogischen Verhältnis von Philosophie und Theologie die grundlegenden Gehalte von jüdischer und christlicher (prinzipiell aber auch von anders bestimmter) religiöser Überlieferung und Praxis aufbewahrt und angeeignet werden können, und zwar so, daß die genuin religiösen Gehalte, wenn um ihre öffentliche Anerkennung geworben wird, in der Sprache kommunikativer Vernunft dargestellt werden können und nicht aufgrund von Macht und Zwang oktroyiert werden, sondern allein vermittels freiwilliger Zustimmung der hörenden Menschen ihre lebensgestaltende Kraft entfalten können. Es geht Habermas um die „rettende Übersetzung" und „Aneignung" der religiösen Tra-ditionen. „Die Übersetzung der Gottesebenbildlichkeit des Menschen in die gleiche und unbedingt zu achtende Würde aller Menschen ist eine solche rettende Übersetzung." (H 115f) Walter Benjamin sind solche Übersetzungen bisweilen gelungen. Adornos Begriff der Verdinglichung hat einen Ursprung im alttestamentlichen Bilderverbot. Um der Menschlichkeit der Menschen willen ist es nach Habermas erforderlich, daß „religiösen Überzeugungen auch aus der Sicht des säkularen Wissens ein epistemischer Status zugestanden wird, der nicht schlechthin irrational ist" (H 118). Das bedeutet praktisch, daß

[39] Immerhin hat *Habermas* in dem Gespräch mit *Mendieta* (programmatisch?) gesagt: „Eine Philosophie, die die Grenze des methodischen Atheismus überschreitet, verliert in meinen Augen ihren philosophischen Ernst." (187) Ich verstehe das so, daß Religion zu den unvermeidlichen Themen der Philosophie gehört.

Religionen und Theologien die Aufgabe einer vernünftig nachvollziehbaren Darstellung und Mitteilung der ihnen eigentümlichen Wahrnehmungen und Gewißheiten angesonnen und zugemutet wird, während umgekehrt eine dogmatistische Verabsolutierung naturalistischer und *a priori* religionsloser Welt- und Menschenbilder als das zurückgewiesen wird, was sie sind – Ideologien. Habermas' Fazit lautet:

„Die weltanschauliche Neutralität der Staatsgewalt, die gleiche ethische Freiheiten für jeden Bürger garantiert, ist unvereinbar mit der politischen Verallgemeinerung einer säkularistischen Weltsicht. Säkularisierte Bürger dürfen, soweit sie in ihrer Rolle als Staatsbürger auftreten, weder religiösen Weltbildern grundsätzlich ein Wahrheitspotential absprechen, noch den gläubigen Mitbürgern das Recht bestreiten, in religiöser Sprache Beiträge zu öffentlichen Diskussionen zu machen. Eine liberale politische Kultur kann sogar von den säkularisierten Bürgern erwarten, daß sie sich an Anstrengungen beteiligen, relevante Beiträge aus der religiösen in eine öffentlich zugängliche Sprache zu übersetzen." (H 118)

Ich vermag nicht zu beurteilen, wer von den beiden Dialogpartnern sich weiter von den Positionen entfernt hat, die man früher mit ihnen zu verbinden pflegte. Habermas hat schon vor einigen Jahren seine Bewunderung für Thomas von Aquin zum Ausdruck gebracht.[40] Ratzinger hat im Gespräch mit Habermas in keiner Weise von einem *philosophari in Maria* gesprochen.[41] Er hat der Philosophie keine Magd-Funktion zugewiesen. Ausdrücklich sagt er vielmehr vom traditionellen Naturrecht:

„[...] dieses Instrument ist leider stumpf geworden, und ich möchte mich daher in diesem Gespräch nicht darauf stützen. Die Idee des Naturrechts setzte einen Begriff von Natur voraus, in dem Natur und Vernunft ineinander greifen, die Natur selbst vernünftig ist. Diese Sicht von Natur ist mit dem Sieg der Evolutionstheorie zu Bruche gegangen. Die Natur als solche sei nicht vernünftig, auch wenn es in ihr vernünftiges Verhalten

---

[40] Im Gespräch mit *Mendieta*: „Ich bin ein Bewunderer des Thomas. Er repräsentiert eine Gestalt des Geistes, die ihre Authentizität aus sich selbst heraus verbürgen konnte. Daß es einen solchen Fels [! WL] in der Brandung zerfließender Religionen heute nicht mehr gibt, ist eben auch eine Tatsache. In der einebnenden Mediengesellschaft verliert alles seinen Ernst, vielleicht auch das institutionalisierte Christentum selber?" (aaO., 178).

[41] Siehe die einleitend zitierte Stelle aus FR, 108.

gibt: Das ist die Diagnose, die uns von dort gestellt wird und die heute weithin unwidersprechlich scheint." (R 35)[42]

Das ist nun zwar ein ausgesprochen restringierter Naturbegriff, und ich denke nicht, daß Ratzinger trotz seiner offensichtlichen Beeindruckung durch die moderne Evolutionstheorie jeden Gedanken einer kritischen teleologischen Naturauffassung damit preisgegeben haben will. Trotzdem ist im Blick auf die Frage nach dem Verhältnis von Glaube und Vernunft in der Moraltheologie entscheidend, daß er erstens nur noch an dem alten Satz des römischen Rechts festhalten will „*ius naturae est, quod natura omnia animalia docet*",[43] und daß er zweitens zu dem Ergebnis kommt:

„Als letztes Element des Naturrechts, das im Tiefsten ein Vernunftrecht sein wollte, jedenfalls in der Neuzeit, sind die *Menschenrechte* stehen geblieben. Sie sind nicht verständlich ohne die Voraussetzung, daß der Mensch als Mensch, einfach durch seine Zugehörigkeit zur Spezies Mensch, Subjekt von Rechten ist, daß sein Sein selbst Werte und Normen in sich trägt, die zu finden, aber nicht zu erfinden sind." (R 36)

Wer so argumentiert, konzentriert damit tendenziell den früher sehr extensiv gefaßten Naturrechtsbegriff des kirchlichen Lehramtes, auf welchem wiederum die steilen Ansprüche auf eine umfassende Reglementierung des Lebens der Gläubigen beruhten, auf den harten Kern universaler oder zumindest universalisierbarer Menschenrechte. Dieser Grundgehalt des Naturrechts, der eher *via negationis* als durch Aufzählung von bestimmten Garantien zu beschreiben ist, darf nach Ratzinger nicht möglicher Gegenstand von Mehrheitsentscheidungen und insofern Objekt von Machtprozessen sein; unabweisbar bleibt insofern die kritische Frage, „ob es nicht das gibt, was nie Recht werden kann, also das, was immer Unrecht bleibt, oder umgekehrt auch das, was seinem Wesen nach unverrückbar Recht ist, das jeder Mehrheitsentscheidung vorausgeht und von ihr respektiert werden muß". (R 30)[44]

---

[42] Man beachte allerdings, daß *Ratzinger* im Modus des Referierens noch eine gewisse Distanz zu dieser Auffassung andeutet.

[43] *Ratzinger* erinnert an dieser Stelle ausdrücklich an den Begriff des *Ius naturale* am Anfang des *Decretum Gratiani* (R 35).

[44] Wenn man die alte Lehre von den in sich selbst schlechten Handlungen (*intrinsece malum*) im Lichte dieser Idee eines (geschichtlich erfahrenen und begrif-

In den Konsequenzen ergeben sich hier zwischen Habermas und Ratzinger starke Übereinstimmungen im Blick auf (a) die politische Notwendigkeit (verfassungs-)rechtlicher Machtbegrenzungen, (b) die Kritik an „falschen Universalismen" und einer „fehlgeleiteten Säkularisierung" sowie (c) in der Kritik an jeder „Biopolitik", die den Menschen zum Projekt und Produkt seines eigenen Herstellens macht.[45] Schärfer als Johannes Paul II. scheint sein Nachfolger zu sehen, daß infolge der irreversiblen Interkulturalität der Gegenwart die kulturellen Universalisierungsansprüche des sogenannten „Westens" an ihre Grenzen gestoßen sind, während Habermas, wie mir scheint, stärker an der Universalisierbarkeit der einen menschlichen Vernunft festhält. Während Ratzinger von der „faktische(n) Nichtuniversalität der beiden großen Kulturen des Westens, der Kultur des christlichen Glaubens wie derjenigen der säkularen Rationalität", spricht (R 37) und sogar erwägt, ob „die europäische Säkularisierung ein Sonderweg sei" (R 38), hält Habermas am Verständigungs- und Übersetzungspotential der *einen* Vernunft – letztlich in der Nachfolge Kants – unbeirrt fest. Und gäbe es dazu eine ernsthafte Alternative? Ratzinger ist hier freilich zurückhaltender; er postuliert, insbesondere angesichts der unbezweifelbaren „Pathologien in der Religion", eine umfassende „Hörbereitschaft" (R 38) einerseits, eine „notwendige(n) Korrelationalität von Vernunft und Glaube, Vernunft und Religion", welche zu „gegenseitiger Reinigung und Heilung berufen sind und die sich gegenseitig brauchen und das gegenseitig anerkennen müssen" (R 39).

Man kann an dieser Stelle gut die Differenz zwischen Vernunft und Glaube einerseits, römisch-katholischer Moraltheologie und evangelischer Ethik andererseits aufweisen. Wo Ratzinger von der „Notwendigkeit" und einem „Müssen" im Verhältnis von Glauben und Vernunft spricht, spricht Habermas zurückhaltender von einem „komplementären Lernprozeß" (H 116). Habermas bezieht sich damit auf Kants Begriffe von Kritik, Aufklä-

fenen) „Naturunrechts" versteht, dürfte auch die evangelische Rechtsethik zustimmen.

[45] *Ratzinger* teilt diesbezüglich sicher vollständig die entsprechende Kritik seines Vorgängers. Von *Habermas* siehe: Die Zukunft der menschlichen Natur. Auf dem Weg zu einer liberalen Eugenik?, erweiterte Ausgabe Frankfurt a.M. 2005.

rung und Mündigkeit. Für ihn sind auch die Gehalte des Glaubens beziehungsweise der Religionen menschheitliches Erbe, welches individuell zu prüfen und kritisch anzueignen ist, und Ratzinger würde ihm darin sicher, eingedenk der revolutionären Lehre des II. Vatikanum von der Religionsfreiheit, zustimmen (mit einer womöglich charakteristischen Differenz zu seinem nun einmal anders sozialisierten und politisch erfahrenen Vorgänger). Doch diese Gehalte religiöser Überlieferungen sind nicht die einzigen möglichen, vorpolitischen Grundlagen, die einen freiheitlichen Staat ermöglichen, und die Vernunftkritik ist kein Privileg der Religion(en). Denn die Vernunft, wenn sie sich zu sich selbst kritisch verhält, muß sich ihrerseits nicht die Einsicht in die rettenden Übersetzungen religiöser Traditionen versperren oder verbieten lassen. Es ist hier wie mit den Menschenrechten: Sie stammen nun einmal aus sehr unterschiedlichen Erfahrungen und Quellen, so daß sie sich nicht über einen Kamm scheren lassen. So ist auch der religiöse Glauben nicht das einzige Korrektiv einer „entgleisenden“ Säkularisierung (H 106), sondern nur zu oft auch deren (Mit-)Ursache, so wie umgekehrt auch die (unkritische) Vernunft einem ideologischen Dogmatismus den Weg bereiten kann. Daß Glaube und Vernunft einander in wechselseitig kritischer „Korrelationalität“ (R 39) bedürfen, wird indes von beiden Seiten bejaht, und dabei ist es nach Kant im Streit zwischen der theologischen und der philosophischen Fakultät von vornherein nicht ausgemacht, „ob diese ihrer gnädigen Frau die Fackel vorträgt oder die Schleppe nachträgt“.[46]

---

[46] Der Streit der Fakultäten (1798), A 27, ed. *Weischedel* Bd. 6, 291. Zu diesem Zusammenhang siehe *Reinhard Brandt*, Universität zwischen Selbst- und Fremdbestimmung. Kants ‚Streit der Fakultäten‘, Berlin 2003, 42–44.

Norbert Lüdecke

Gläubigkeit und Recht und Freiheit

Kanonistische Thesen zum Pontifikat Johannes Paul II. in ökumenischer Absicht*

Rahmenvorgaben für diesen kanonistischen Beitrag waren der Rückblick auf das vergangene Pontifikat und Perspektiven, auch ökumenische, für das begonnene. Zur Ausfüllung wurde der Zusammenhang von Glaube und Recht in römisch-katholischer Sicht gewählt. Er ist für das Pontifikat Johannes Paul II. ebenso bedeutsam wie für die aktuelle ökumenische Situation.

I. Ein Pontifikat katholischer (Re-)Profilierung

Das Pontifikat Johannes Paul II. gilt als großes Glaubenszeugnis.[1] Glaubenstreue und Rechtstreue gehören römisch-katholisch eng zusammen. Daher überrascht es nicht, daß dem großartigen

---

* Der Beitrag basiert auf dem vor der Arbeitsgruppe „Kirchenrecht und Staatskirchenrecht" der FEST am 24.06.2005 gehaltenen Vortrag. Für den Druck wurde er leicht überarbeitet und um die Anmerkungen ergänzt.

[1] Vgl. etwa *Bernard Balayn*, Johannes Paul II., der Große. Prophet des dritten Jahrtausends, Hauteville/Schweiz 2005 (frz. Original: Jean Paul II le Grand, prophète du IIIe millénaire, 2000); *George Weigel,* Zeuge der Hoffnung. Johannes Paul II. Eine Biographie, Paderborn/München/Wien u.a. 2002; *Andreas Englisch*, Johannes Paul II. Das Geheimnis des Karol Woytila, München 2003[2]; kritisch, gleichwohl vom „Papst der Passion" als Bekenner und Märtyrer überzeugt, *Horst Herrmann*, Johannes Paul II. Wahrer Mensch und wahrer Papst, Berlin 2005. Beim Empfang des Klerus von Rom in der Bischofskirche des Papstes, der Lateranbasilika, hat Papst Benedikt XVI. am 13.05.2005 bekanntgegeben, das Seligsprechungsverfahren für seinen Vorgänger könne sofort beginnen, vgl. OR(D) Wochenausgabe in deutscher Sprache 35 (2005) Nr. 20 vom 20.05.2005, 3. Mit Edikt vom 18.05.2005 sind alle Gläubigen aufgefordert worden, Informationen für oder gegen den Ruf der Heiligkeit des verstorbenen Papstes zu übermitteln, vgl. OR 145 (2005) Nr. 126 vom 29.05.2005, 1.

Glaubenszeugnis ein auch kirchenrechtlich hoch bedeutsames Pontifikat entspricht.[2]

Es begann in bewegter Zeit.[3] Viele meinten, das II. Vatikanische Konzil habe zu einer grundlegenden Reform der katholischen Kirche angesetzt. Nicht nur mit dem undeutlichen Programmwort „communio"[4] verbanden sich Hoffnungen und Forderungen nach einer Demokratisierung der Kirche.[5] Die damals laufende Überarbeitung des Kirchenrechts[6] galt als Chance: Mit Freiheit und Gleichheit aller Gläubigen sollten die Menschenrechte in die Kirche einziehen.[7] Die Forderung nach der Ordination für Frauen wurde lauter und breitete sich aus.[8]

---

[2] Vgl. *Eduardo Molano*, Juan Pablo II y el Código de Derecho Canonico, in: Scripta Theologica 36 (2004), 203 (209).

[3] Für zeitgeschichtliche Überblicke vgl. die Beiträge von *Jan Kerkhofs*, *Gustavo Gutiérrez*, *Vincent Cosmao*, *Gerard Defois*, *Franz Xaver Kaufmann* und *Germano Pattaro*, in: *Guiseppe Alberigo/Yves Congar/Hermann Josef Pottmeyer* (Hg.), Kirche im Wandel. Eine kritische Zwischenbilanz nach dem Zweiten Vatikanum, Düsseldorf 1982, 17–88 sowie *José Orlandis*, Stürmische Zeiten. Die katholische Kirche in der zweiten Hälfte des 20. Jahrhunderts, Aachen 1999 (span. Original: La Iglesia Católica en la Segundas mitad del Siglo XX, Madrid 1998) und *Otto Hermann Pesch*, Das Zweite Vatikanische Konzil. Vorgeschichte – Verlauf – Ergebnisse. Nachgeschichte, Würzburg 2001, 361–377.

[4] Für unterschiedliche Einschätzungen zu Bedeutung und Tauglichkeit der *communio*-Kategorie vgl. *Bernd Jochen Hilberath* (Hg.), Communio – Ideal oder Zerrbild von Kommunikation?, Freiburg/Basel/Wien 1999 (= QD 176).

[5] Vgl. *Ilona Riedel-Spangenberger*, Demokratie III. Kath., in: *dies./Axel Freiherr von Campenhausen/Reinhold Sebott* (Hg.), Lexikon für Kirchen- und Staatskirchenrecht 1, Paderborn/München/Wien u.a. 2000, 394f sowie zeitgenössisch: *Harry Hoefnagels*, Demokratisierung der kirchlichen Autorität, Freiburg/Basel/Wien 1969; *Bensberger Kreis* (Hg.), Demokratisierung der Kirche in der Bundesrepublik Deutschland. Ein Memorandum deutscher Katholiken, Mainz 1970 und kritisch *Joseph Ratzinger/Hans Maier*, Demokratie in der Kirche. Möglichkeiten, Grenzen, Gefahren, Limburg 1970 (= Werdende Welt 16); *Georg May*, Demokratisierung der Kirche. Möglichkeiten und Grenzen, München/Wien 1971.

[6] Zur Entstehung des CIC vgl. *Heribert Schmitz*, Der Codex Iuris Canonici von 1983, in: *ders./Joseph Listl* (Hg.), Handbuch des katholischen Kirchenrechts, Regensburg 1999^2, 49–76 (50–56). Zum Projekt eines kirchlichen Grundgesetzes vgl. *Olav Gaudentinus Martinus Boelens*, De *Lex Ecclesiae Fundamentalis*. Een gemiste kans of een kansloze misser? Die *Lex Ecclesiae Fundamentalis* – eine verpasste Chance oder ein chancenloser Fehlschlag? (mit einer Zusammenfassung in deutscher Sprache), Nijenheim 2001.

[7] Vgl. etwa das Themenheft „Demokratisierung der Kirche" der Zeitschrift Conc(D) 7 (1971), 151–231 sowie *Michael Raske/Ludwig Rütti/Klaus Schäfer*, Initiativen zur Verwirklichung der Menschenrechte in der Kirche, in: ebd., 435–439; *Hans-Wolfgang Daigeler*, Heutiges Menschenrechtsbewußtsein und Kirche. Die

Der 1978 antretende Papst bemerkte schnell und sensibel: Kirchliche Ordnungs- und Realgestalt laufen in katholischen Kernfragen zunehmend auseinander.[9] Konsequent hat er sich um die Wiedereinpassung der Real- in die Ordnungsgestalt gemüht. Bereits in seiner ersten Radiobotschaft bekannte er sich zu einer zweifachen Treue: *zur Treue gegenüber dem II. Vatikanischen Konzil* unter Berücksichtigung der seitherigen Erfahrungen und neuer Anforderungen, insbesondere gegenüber der Kirchenkonstitution *Lumen gentium* im Lichte der Überlieferung und der Dogmen des I. Vatikanums,[10] und *zur Treue gegenüber dem primatialen Amt* in seiner ganzen Breite. Sie verwirkliche sich im Schutz des *depositum fidei* und vor allem durch die Erfüllung der Gebote Christi bei der Übergabe der Himmelsschlüssel (Mt 16,18) an Simon, nämlich, die Brüder zu stärken (vgl. Lk 22,32) und die Lämmer und Schafe seiner Herde zu weiden zum Beweis seiner Liebe (vgl. Joh 21,15ff).[11] Diese Amtsverpflichtungen des

---

Beteiligung des einzelnen an der Leitung des Gemeinwesens in Demokratie und Kirche, Zürich/Einsiedeln/Köln 1973; *Knut Walf*, Die Menschenrechte in der katholischen Kirche, in: Diak 5 (1974), 376–388; *Johannes Neumann*, Menschenrechte – auch in der Kirche?, Zürich/Einsiedeln/Köln 1976; für weitere Literatur und zur Gesamtdiskussion vgl. *Felix Hafner*, Kirchen im Kontext der Menschenrechte, Freiburg/Schweiz 1992 (= Freiburger Veröffentlichungen aus dem Gebiete von Kirche und Staat 36), 198 (Anm. 52). Für eine hellsichtig differenzierte Einschätzung der Chancen der Codexüberarbeitung vgl. *Werner Böckenförde*, Zur Erneuerung des kanonischen Rechts. Eine Zwischenbilanz, in: Rechtsfragen der Gegenwart. FS *Wolfgang Hefermehl*, Stuttgart/Köln/Berlin u.a. 1972, 443–456.

[8] Vgl. als Überblick *Ida Raming*, Frauenbewegung und Kirche. Bilanz eines 35-jährigen Kampfes für Gleichberechtigung und Befreiung der Frau seit dem 2. Vatikanischen Konzil, Weinheim [2]1991, 37–77.

[9] Vgl. zu diesem Phänomen *Werner Böckenförde*, Neuere Tendenzen im katholischen Kirchenrecht. Divergenz zwischen normativem Geltungsanspruch und faktischer Geltung, in: ThPr 27 (1992), 110–130 sowie *Helmuth Pree*, Zum Stellenwert und zum Verbindlichkeitsanspruch des Rechts in Staat und Kirche, in: ÖAKR 39 (1989), 1–23.

[10] Vgl. *Papst Johannes Paul II.*, Erste Radiobotschaft „Urbi et Orbi" *Unum solummodum verbum* vom 17.10.1978, in: AAS 70 (1978), 919–927 (920–922).

[11] Auf diese Bibelstellen hat das I. Vatikanum seine Primatsdogmen gestützt, vgl. *Heinrich Denzinger/Peter Hünermann* (Hg.), Kompendium der Glaubensbekenntnisse und kirchlichen Lehrentscheidungen, Freiburg [40]2005, 3053 und 3070. Der Papst fügte hinzu: „Wir sind tief überzeugt, daß jede moderne Untersuchung über das sogenannte ‚Petrusamt' mit dem Ziel, das Besondere und Spezifische an ihm immer besser herauszuarbeiten, nicht an diesen drei Sätzen des Evangeliums vorbeigehen kann", vgl. ebd., 923. Aus exegetischer Sicht vgl. *Christfried Böttrich*, Petrus. Fischer, Fels und Funktionär, Biblische Gestalten 2, Leipzig 2001, bes.

hl. Petrus und seiner Nachfolger gehörten zur Natur der Kirche. So werde ihre Einheit bewahrt und ihr geistiger Auftrag geschützt. Solche Treue schließe selbstverständlich den Gehorsam der Bischöfe gegenüber dem Lehramt Petri, vor allem in Fragen der Lehre ein, aber auch die genaue Einhaltung der gesamten Disziplin der Kirche. Schließlich weise schon der Name der Gläubigen, *fideles*, hin auf die Treue, d.h. den bereitwilligen und ehrlichen Gehorsam gegenüber den geistlichen Hirten, als natürliche Haltung christlicher Berufung.[12]

Die formale Verwirklichung dieser zweifachen Treue betrieb der Papst besonders durch die schnelle Fertigstellung seines Codex Iuris Canonici von 1983[13] und – besonders seit 1989 – durch eine Vielzahl von ausführenden und intervenierenden päpstlichen und kurialen Erlassen in Lehre und Disziplin.[14]

63–80, 140–143, 235–243; *ders.*, Petrus – Bischofsamt – Kirche, in: Zeitschrift für Neues Testament 13 (2004), 44–51 sowie *Joachim Gnilka*, Petrus und Rom. Das Petrusbild in den ersten zwei Jahrhunderten, Freiburg/Basel/Wien 2002, bes. 142–178.

[12] Vgl. *Papst Johannes Paul II.*, aaO. (Anm. 10), 922–924.

[13] Vgl. dazu *Werner Böckenförde*, Der neue Codex Iuris Canonici von 1983, in: NJW 1983, 2532–2540; *Heribert Schmitz*, Wertungen des Codex Iuris Canonici. Versuch einer ersten Bilanz, in: AfkKR 154 (1985), 19–57; *Norbert Lüdecke*, Der Codex Iuris Canonici von 1983: „Krönung" des II. Vatikanischen Konzils?, in: *Hubert Wolf/Claus Arnold* (Hg.), Die deutschsprachigen Länder und das II. Vatikanum, Paderborn/München/Wien u.a. 2000 (= Programm und Wirkungsgeschichte des II. Vatikanums 4), 209–237.

[14] Vgl. etwa *Werner Böckenförde*, Zur gegenwärtigen Lage in der römisch-katholischen Kirche. Kirchenrechtliche Anmerkungen, in: Orien 62 (1998), 228–234. Zum 20-jährigen Promulgationsjubiläum des CIC erklärte der Papst in seiner Ansprache vom 24.01.2003, in: AAS 95 (2003), 333 (334) in diesen 20 Jahren habe man feststellen können, in welchem Maße die Kirche des neuen Codex bedurfte. Glücklicherweise seien die kritischen Stimmen gegen das Kirchenrecht weitgehend überwunden. Gleichwohl wäre es unrealistisch, all das zu ignorieren, was noch zu tun sei, um in der heutigen Zeit eine echte kirchenrechtliche Kultur und eine kirchliche Praxis zu festigen, die auf die den kirchlichen Gesetzen innewohnende pastorale Dimension bedacht sei.

II. Zur Lage der Ökumene

Die gegenwärtige Lage der Ökumene gilt als schwierig. Gesprochen wird von Frustration und Resignation,[15] Stillstand, Rückschritt, „stotterndem Motor" und „ökumenischer Eiszeit"[16] oder zumindest „Frostperiode",[17] von einem Gestaltwandel der großen Konferenz- und spezialisierten Kommissionsökumene hin zur Ökumene der kleinen Gemeinschaften,[18] einem Paradigmenwechsel von der Konsens- zur Differenz- oder Konkurrenzökumeine,[19] zu einer Phase der „Ökumene der Profile".[20] Die Enttäuschungen, welche sich die Konfessionen in den letzten Jahren wechselseitig zugefügt haben (z.B. *Dominus Iesus* und Schwesterkirchennote, Eucharistiedoktrin und -disziplin seitens der katholischen Kirche, Empfehlungen zum Gebrauch der Lutherbibel in der Evangelischen Kirche in Deutschland, evangelische Kritik an dem ökumenischen Studiendokument *Communio Sanctorum*,[21] das Votum des Rates der EKD „Kirchengemeinschaft nach evangelischem Verständnis" mit der Feststellung der Unvereinbarkeit katholischer und evangelischer Einheitsvorstellungen, Verweigerung ökumenischer Gottesdienste seitens der orthodoxen Mitglieder des Ökumenischen

---

[15] Vgl. *Otto Hermann Pesch*, Die Selbstrelativierung der Kirche. Das Ökumenismusdekret *Unitatis Redintegratio*, in: Das unerledigte Konzil. 40 Jahre Zweites Vatikanum (= HerKorr Spezial), Freiburg 2005, 35 (38).

[16] So die Beispiele des Vorsitzenden des Rates der EKD, *Bischof Wolfgang Huber*, in seiner Ansprache bei der Begegnung mit Papst Benedikt XVI. in Köln http://www.ekd.de/presse/pm147_2005_rv_ansprache_papst.html (19.02.2006).

[17] *Bernd Jochen Hilberath*, Bewegung oder Stillstand? Eine Momentaufnahme aus katholischer Sicht, in: ThpQ154 (2006), 3 (4).

[18] Vgl. *Wolfgang Lienemann*, „Das, was uns verbindet, ist viel stärker als da, was uns trennt." Grundtendenzen, Missverständnisse und Schwierigkeiten in den ökumenischen Gesprächen seit den 1980er Jahren, in: *Frederike Schönemann/Thorsten Maaßen* (Hg.), Prüft alles, und das Gute behaltet! Zum Wechselspiel von Kirchen, Religionen und säkularer Welt. FS *Hans-Martin Barth*, Frankfurt a.M. 2004, 133 (160).

[19] Vgl. *Ulrich Körtner*, Von der Konsensökumene zur Differenzökumene, in: epd-Dokumentation 25/2003, 30–35.

[20] Vgl. *Bischof Wolfgang Huber*, Barmherzigkeit mit den Zweiflern. Wagnis und Gewissheit des Glaubens, Bericht vor der Synode der Evangelischen Kirche in Deutschland am 06.11.2005 in Berlin, 4.1 http://www.ekd.de/synode2005/bericht_des_rates.html (22.01.2006).

[21] Vgl. unten Anm. 29.

Rats der Kirchen) – solche Enttäuschungen werden als heilsame Folge ökumenischer Illusionen und Lebenslügen betrachtet. Sich von solchen Täuschungen und/oder Selbsttäuschungen zu befreien, bringe Realitäts-, Orientierungs- und Freiheitsgewinn.[22]

Als exemplarisch gelten kann das erwähnte Papier *Communio Sanctorum*.[23] Es hält fest, daß zur Kirche „institutionelle und rechtliche Momente wesensmäßig hinzugehören".[24] Gleichwohl führte die Bilaterale Arbeitsgruppe ihren Auftrag, auch „Fragen nach dem Kirchenrecht" zu behandeln,[25] nicht aus. Für die Bedeutung des Kirchenrechts wird ohne Belege auf den internationalen Dialog verwiesen.[26] Der Befund in den „Dokumenten wachsender Übereinstimmung" ist quantitativ und qualitativ dünn.[27] Wer das Kirchenrecht als *quantité négligéable* abtut, der gibt den hermeneutischen Schlüssel zum Verständnis der römisch-katholischen Kirche aus der Hand, dem kann nicht gelingen, was die Arbeitsgruppe behauptet, zur Erreichung ihrer Ergebnisse unternommen zu haben, – eine „intensive Klärung der Standpunkte".[28] Der vermeintliche Konsens wurde mit diesem „blinden Fleck" und Formulierungen erkauft, die als Oberflä-

---

[22] Vgl. *Wilfried Härle*, Ermutigende Enttäuschungen – Beobachtungen und Überlegungen zum Stand der ökumenischen Beziehungen, in: *Peter Neuner/Peter Lüning* (Hg.), Theologie im Dialog. Festschrift Harald Wagner, Münster 2004, 359–374. Vgl. neuerdings *Stefan Orth*, Ökumene: Einheitsübersetzung ohne Protestanten, in: HK 59 (2005), 493–495.

[23] Vgl. *Bilaterale Arbeitsgruppe der Deutschen Bischofskonferenz und der Kirchenleitung der Vereinigten Evangelisch-Lutherischen Kirche Deutschlands* (Hg.), Communio Sanctorum. Die Kirche als Gemeinschaft der Heiligen, Paderborn/Frankfurt a.M. 2005^3.

[24] Vgl. ebd. Nr. 184.

[25] Vgl. *Sekretariat der Deutschen Bischofskonferenz* (Hg.), Ökumenischer Dialog über „Kirchengemeinschaft in Wort und Sakrament". Stellungnahme einer Arbeitsgruppe der Glaubens- und Ökumenekommission der Deutschen Bischofskonferenz vom 26.05.1987, Bonn 1987 (= Arbeitshilfen 59), 7 (Einleitung) sowie „Communio Santorum" (Anm. 23), 10 (Vorwort).

[26] Vgl. ebd., 11f (Vorwort).

[27] Vgl. *Harding Meyer/Hans-Jörg Urban/Lukas Vischer* (Hg.), Dokumente wachsender Übereinstimmung. Sämtliche Berichte und Konsenstexte interkonfessioneller Gespräche auf Weltebene 1931–1982, Paderborn/Frankfurt a.M. 1983; *dies./Damaskinos Papandreou* (Hg.), Band 2: 1982–1990 und Band 3: 1990–2001, Paderborn/Frankfurt a.M. 1992 und 2004.

[28] Vgl. „Commmunio Sanctorum" (Anm. 23), Nr. 270.

chenveredelung taugen mochten, sich aber schnell als nicht belastbar erwiesen.[29]

Solche Ausblendungen wieder einzublenden und sie so für alle Gesprächspartner klar konturiert erkennbar auf der ökumenischen Agenda zu halten, gehört nicht zum schlechtesten Dienst korrekter Kanonistik für die Ökuneme.[30]

III. Thesen

1. Die römisch-katholische Kirche ist nach dem Codex Iuris Canonici als maßgeblichem Ausdruck ihres Selbstverständnisses originär und in eins Glaubens-/Heilsgemeinschaft und hierarchisch verfaßte Rechtsgemeinschaft.

Christus hat seine Kirche als sichtbares Gefüge, näherhin als

---

[29] Meine am 08.06.2002 der Arbeitgruppe vorgetragene analytische Skizze „*Communio Sanctorum* in kanonistischer Sicht" wird in erweiterter Form anderweitig publiziert. Als kritische Stimmen nicht nur von evangelischer Seite vgl. Stellungnahme der Kammer für Theologie der Evangelischen Kirche in Deutschland zu *Communio Sanctorum* vom 19.10.2001; Stellungnahme der Kommission des Professoriums der Evangelisch-Theologischen Fakultät der Ludwig-Maximilans-Universität München zum Text der Zweiten Bilateralen Arbeitsgruppe der Deutschen Bischofskonferenz und der Kirchenleitung der VELKD; Stellungnahme der Evangelisch-Theologischen Fakultät der Universität Tübingen zu dem Text *Communio Sanctorum* der Bilateralen Arbeitsgruppe der Deutschen Bischofskonferenz und der Kirchenleitung der Vereinigten Evangelisch-Lutherischen Kirche Deutschlands; *Wolfgang Klausnitzer*, Eine römisch-katholische Stellungnahme zu den Aussagen über den „Petrusdienst" in *Communio Sanctorum*, in: ÖR 51 (2002), 225–234; *Walter Sparn*, Viele Kirchen – ein Petrusdienst? Eine evangelische Stellungnahme zu *Communio Sancotrum*, in: ebd., 235–247. Vgl. außerdem *Sekretariat der Deutschen Bischofskonferenz* (Hg.), Stellungnahme der Deutschen Bischofskonferenz zur Studie *Communio Sanctorum*, Bonn 2003 (= Die deutschen Bischöfe 71).

[30] Zu Begriff und Verständnis des „korrekten Kanonisten" vgl. *Werner Böckenförde*, Der korrekte Kanonist. Einführung in das kanonistische Denken Barions, in: *ders.* (Hg.), *Hans Barion*. Kirche und Kirchenrecht. Gesammelte Aufsätze, Paderborn/München/Wien u.a. 1984, 1–23. *Hans-Martin Barth*, Der Ökumene neue Ziele setzen. Zehn Thesen aus evangelischer Sicht, in: ThpQ 154 (2006), 7 (8) mahnt zu Recht die gründliche Klärung auch aller kirchenrechtlichen Implikationen für wirksame ökumenische Vereinbarungen sowie die Vermeidung von Zweideutigkeiten als Ausdruck ökumenischer Lauterkeit an.

societas[31] errichtet (*constituta*[32]) und geordnet (*ordinata*), d.h. mit hierarchischen Organen ausgestattet (c. 204 § 1 und LG 8). Diese Kirche Christi subsistiert als vom Papst und den Bischöfen in Abhängigkeit von ihm (cc. 331 und 336) geleitete in der römisch-katholischen Kirche (c. 204 § 2).[33] Nach katholischem Verständnis ist die Kirche *als* Glaubensgemeinschaft zugleich Rechtsgemeinschaft (*societas iuridica*).[34]

---

[31] *Societas* meint allgemein die Verbindung mehrerer Menschen zu einem gemeinsamen Zweck.

[32] Die amtliche deutsche Wiedergabe im Codex übernimmt mit „*verfaßt* und geordnet" [Hervorhebung von mir] die im Auftrag der deutschen Bischöfe besorgte Übersetzung der Quelle, LG 8b, vgl. LThK-Konzilskommentar 1,173. So jetzt erneut *Peter Hünermann* (Hg.), Die Dokumente des Zweiten Vatikanischen Konzils. Konstitutionen, Dekrete, Erklärungen. Lateinisch-deutsche Studienausgabe, Freiburg i.Br./Basel/Wien 2004 (= Herders Theologischer Kommentar zum Zweiten Vatikanischen Konzil 1), 84. Bereits dort läßt die deutsche Wendung den Charakter der Gründung zurücktreten. Die Verfaßtheit als konkrete Ordnungsgestalt ist Inhalt des *ordinata.* Auch *constituere* kann „verfassen" im Sinne von „Ordnung geben" heißen. Das wäre eine nicht sinnvolle, allenfalls pleonastische Doppelung zu *ordinata. Constituta* bezeichnet die Errichtung, Gründung der Kirche, die dann eine konkrete Organisation (*ordinata*) erfährt. Vgl. auch den Sprachgebrauch *Ecclesia – a Christo Iesu constituta* in: CatCE Überschrift vor Nr. 763, und die Wiedergabe in der deutschen Ausgabe mit „Die Kirche von Jesus Christus gegründet" (KKK). Möglicherweise spiegeln die Übersetzung von Konzilstext und Canon wieder, daß in der Theologie seit langem mindestens fraglich ist, ob von einer Gründung/Stiftung der Kirche durch Jesus gesprochen werden kann, vgl. etwa *Heinrich Döring*, Grundriß der Ekklesiologie. Zentrale Aspekte des katholischen Selbstverständnisses und ihre ökumenische Relevanz, Darmstadt 1986, 13–52; *Jürgen Werbick*, Kirche. Ein ekklesiologischer Entwurf für Studium und Praxis, Freiburg u.a. 1994, 76–94 („Kirchen-Gründung?"); *Bernd Jochen Hilberath/Robert Leicht*, Wer ist die wahre Kirche? Ein neues Vatikanpapier sprengt die Ökumene, in: *Michael J. Rainer* (Hg.), „Dominus Iesus". Anstößige Wahrheit oder anstößige Kirche? Dokumente, Hintergründe, Standpunkte und Folgerungen (Wissenschaftliche Paperbacks 9), Münster 2001, 286 (289).

[33] Zur neueren Diskussion um Verständnis und Konsequenzen der *subsistit-in*-Formel vgl. *Peter Knauer*, Die „katholische Kirche" subsistiert in der „katholischen Kirche". Zur ökumenischen Tragweite von *Lumen gentium* 8,2, in: *Josef Hainz u.a.* (Hg.), „Den Armen eine frohe Botschaft". FS *Bischof Franz Kamphaus*, Frankfurt a.M. 1997, 153–167, die Beiträge von *Ernst Jüngel, Joseph Kardinal Ratzinger* und *Peter Neuner*, in: *Michael J. Rainer* (Hg.), *Dominus Iesus* (Anm. 32) sowie *Alexandra von Teuffenbach*, Die Bedeutung des *subsistit in* (LG 8). Zum Selbstverständnis der katholischen Kirche, München 2002, bes. 23–37. Vgl. auch *Jerôme Hamer*, Die ekklesiologische Terminologie des Vatikanum II und die protestantischen Ämter, in: Cath(M) 26 (1972), 146–153.

[34] Vgl. bereits LG 8 sowie *Georg Gänswein*, Kirchengliedschaft – vom Zweiten Vatikanischen Konzil zum Codex Iuris Canonici. Die Rezeption der konziliaren

Ihre göttlich verfügte konkrete Verfaßtheit erhält Konturen, wenn man erkennt, wie sich das im Codex verstreute *ius divinum*, d.h. die unfehlbar gelehrten Normen aus der Offenbarung oder ihrem – vom Lehramt bestimmten – unmittelbaren Umfeld, um drei inhaltlich fundamentale Grundcanones versäult:[35]

a) die Souveränität und Autonomie der Kirche und des Apostolischen Stuhls nach außen (*societas perfecta*) (c. 113 § 1) mit den Ansprüchen auf freie Ausübung der primatialen Gewaltfülle des Stellvertreters Christi (c. 331), auf Gesandte (c. 362), freie Verkündigung (cc. 747, 1075 § 1), Klerikerausbildung (c. 232), Vermögensfähigkeit (cc. 1254f, c. 1259), Abgabenhoheit (c. 1260), Strafgewalt (c. 1311) und Gerichtshoheit in kirchlichen Straf- und Streitsachen (c. 1401, einschließlich vor allem der Ehesachen c. 1671);

b) der ständisch-hierarchische Aufbau und die monarchische Leitung nach innen (*societas inaequalis*) durch die rechtliche Geschiedenheit von Laien- und Klerikerstand (c. 207), in den durch die Weihe kooptiert wird (c. 1008), mit den Standesvorrechten vor allem in bezug auf Jurisdiktion und auf verbindliche Lehr- (cc. 129, 274, 747–753) und übrige Verkündigung (cc. 757, 759, 767 § 1) und der absoluten gesetzgebenden, ausführenden und richterlichen (c. 135 § 1 i.V.m. cc. 1131 § 1 und 331) Leitungsgewalt des Papstes (Jurisdiktionsprimat), der einzig Gott

---

Aussagen über die Kirchenzugehörigkeit in das nachkonziliare Gesetzbuch der Lateinischen Kirche, St. Ottilien 1995 (= MthStkan 47), 220; *Joseph Listl*, Die Kirche als Rechtsgemeinschaft, in: *Walter Brandmüller* (Hg.), Mysterium Kirche. Sozialkonzern oder Stiftung Christi?, Aachen 1996, 163 (166) sowie *Leo Scheffczyk*, Rechts- oder Liebeskirche?, in: *Franz Breid* (Hg.), Kirche und Recht. Referate der „Internationalen Theologischen Sommerakademie 1998" des Linzer Priesterkreises in Aigen/M., Steyr 1988, 45–65.

[35] Vgl. dazu ausführlich *Norbert Lüdecke*, Das Verständnis des kanonischen Rechts nach dem Codex Iuris Canonici von 1983, in: *ders./Cristoph Grabenwarter* (Hg.), Standpunkte im Kirchen- und Staatskirchenrecht. Ergebnisse eines interdisziplinären Seminars, Würzburg 2002 (= fzk 33), 177–215, 181–202. *Papst Johannes Paul II.*, Ansprache an den Päpstlichen Rat für die Interpretation der Gesetzestexte vom 24.01.2003, in: AAS 95 (2003), 333 (334) betonte den Bezug der kanonischen Normen „auf eine Wirklichkeit, die über sie hinausgeht; eine solche Wirklichkeit setzt sich nicht nur aus historischen und zufälligen Ereignissen zusammen, sondern umfaßt auch wesentliche und bleibende Aspekte, in denen das göttliche Recht offenbar wird".

Rechenschaft schuldet, rechtlich aber *dominus canonum* ist (ähnlich dem *princeps legibus solutus*)[36] sowie

c) die Grundlegung und Betonung der Sakramente und mit ihnen verbundener Verpflichtungen (cc. 840 § 1 und 841, 1008, 1055 § 1, 1075 § 1, 1057 § 1, 1141, 978, 1249).

Beide Bestimmungen – c. 204 § 2 über die rechtliche Verfaßtheit der Kirche als *societas* und c. 113 § 1 über deren göttliche Anordnung – sind in letzter Minute auf persönliche Veranlassung des Papstes in den künftigen Codex eingefügt worden.[37]

2. Gottesbeziehung und Kirchlichkeit sind innerlich verbunden. Die Besonderheit des kirchlichen Sozialgebildes besteht in Anteilgabe und Anteilhabe am Heil durch die Gemeinschaft mit der Kirche.

Nach Konzil und Codex sind geistliche und rechtliche Wirklichkeit der Kirche unterscheidbar, aber nicht trennbar. Rechtscharakter und Aufbau gehören substantiell zur Kirche Christi. Christus ist auch durch die Organisation wirksam, gießt durch sie Gnade und Wahrheit auf alle aus.[38] Die Rechtsgestalt gilt insoweit als Heilsorgan (LG 8a). Diese Kirche ist „Keimzelle des Heils“ und „Heilsinstrument“ (LG 9b).[39]

Der rechtlich verfaßten Kirche hat Gott eine Sendung erteilt, die sie in dieser Welt erfüllen soll (c. 204 § 1). Sie soll den Men-

---

[36] Vgl. dazu *Klaus Schatz*, Der päpstliche Primat. Seine Geschichte von den Ursprüngen bis zur Gegenwart, Würzburg 1990, 118f, 195–197 sowie *Dieter Wyduckel*, Princeps Legibus Solutus. Eine Untersuchung zur frühmodernen Rechts- und Staatslehre, Berlin 1979 (= Schriften zur Verfassungsgeschichte 30), bes. 88–104.

[37] Beide gehörten zu den ca. 150 Canones, die der Papst im Sommer 1982 mit einer kleinen Beratergruppe überprüfte, vgl. die Aufzählung bei dem Mitglied dieser Gruppe *Umberto Betti*, In margine al nuove Codice di diritto canonico, in: Anton 58 (1983), 628 (631).

[38] Vgl. *Peter Hünermann*, Theologischer Kommentar zur dogmatischen Konstitution über die Kirche *Lumen gentium*, in: *ders./Bernd Jochen Hilberath* (Hg.), Herders Theologischer Kommentar zum Zweiten Vatikanischen Konzil 2, 263 (366).

[39] Vgl. auch *Jean Beyer*, Loi et liberté dans la vision post-conciliaire du droit de l'Eglise, in: *Americo Ciani/Giovanni Diurni* (Hg.), „Lex et iustitia“ nell' utrumque ius: radici antiche e prospettive attuali. Atti del VII. Colloquio Internazionale Romanistico-Canonistico (12–14 maggio 1988), Vatikanstadt 1989 (= Utrumque Ius 20), 121 (133).

schen zur Erkenntnis und zur Annahme des Heils verhelfen, vor allem durch die von ihr als geeignet betrachtete Verkündigung des Evangeliums in Wort (cc. 747 § 1 und 748 § 2) und Tat (Caritas, Diakonie) und durch die Verwaltung der ihr von Gott anvertrauten Sakramente.[40] Wie alles in der Kirche der *salus animarum*[41] als oberstem Gesetz (c. 1752) untersteht, d.h. funktional auf den Erhalt und die Vertiefung der kirchlich bedingten Christusbeziehung ausgerichtet ist, so auch das Kirchenrecht. Es ermöglicht, bahnt und gewährleistet die *salus animarum*,[42] ist *ius sacrum*.[43]

Alle Menschen sind nach c. 748 § 1 kraft göttlichen Rechts verpflichtet, die von der kirchlichen Hierarchie in Erfüllung ihres Auftrags gelehrten Offenbarungswahrheiten (c. 747 § 1), einschließlich der über die Kirche zu *suchen* (c. 748 § 2). Fündig geworden, müssen sie die erkannten Wahrheiten mit der katholischen Taufe oder Konversion nicht nur annehmen, sondern auch *bewahren* (c. 748 § 2). Daraus ergibt sich die insoweit grundlegende und allen Rechten in der Kirche vorangestellte umfassende Rechtspflicht des c. 209.[44] Alle Gläubigen haben immer die Gemeinschaft mit der Kirche zu wahren (§ 1), d.h. durch die

---

[40] Vgl. die Redeweise von der Sendung *der* Kirche auch in cc. 114 § 1, 207 § 2 (Heilssendung), 216, 529 § 2. Dem entspricht das Recht der Gläubigen auf Empfang der geistlichen Güter durch die Hirten nach c. 213. Vgl. LG 9b und 11 sowie *Gerhard Ludwig Müller*, Heil, in: LKD 236–239, 237f und *Stefanie Spendel*, Heil V. Praktisch-theologisch, in: LThK^3 4, 1264.

[41] Die Kanonistik hat eine Vielzahl von Theorien über die Bedeutung und Tragweite der *salus animarum* im kanonischen Recht entwickelt. Sie gehen weit über das hinaus, was sich unmittelbar aus dem Codex erheben läßt vgl. *Paolo Moneta*, La *salus animarum* nel dibattito della scienza canonica, in: IE 12 (2000), 307–326 sowie *Péter Erdö*, Das „Heil der Seelen" im Codex Iuris Canonici. Ein öffentlichrechtliches Prinzip der Interpretation und der Rechtsanwendung, in: ARRR 172 (2003), 86–96.

[42] Vgl. Nr. 1 und 3 der Leitlinien für die Arbeit der Codexkommission, in: Com 1 (1969), 78 (78f) sowie *Julian Herranz*, Salus animarum, principio dell'ordinamento canonico, in: IE 12 (2000), 291 (294, 302, 306).

[43] Vgl. *Beyer*, aaO. (Anm. 39), 132.

[44] Vgl. *Roberto J. Kaslyn*, The Value Underlying the Law: A Foundational Analysis of Canon 209, § 1, in: StCan 29 (1995), 7–28, 14–28 sowie als Überblick zur Kommentierung des Canons *ders.*, „Communion with the church" and the Code of Canon Law. An Analysis of the Foundation and Implications of the Canonical Obligation to Maintain Communion with the Catholic Church, New York 1994 (=Roman Catholic Studies 5), 115–137.

Bande des Glaubensbekenntnisses, der Sakramente und der kirchlichen Leitung (c. 205) sichtbar mit Christus verbunden zu bleiben und die übrige kirchliche Ordnung einzuhalten.[45] Mit großer Sorgfalt haben sie ihre Pflichten gegenüber der Kirche zu erfüllen (c. 209 § 2).

3. Finalisierung auf die salus animarum, Wahrung der communio und kirchliches bonum commune konvergieren im kirchlichen Gesetzbuch. Sie stehen aufgrund der gottverfügten Struktur der Kirche unter hierarchischer Kuratel.

Inhalt und Umfang der unbestimmten Rechtsbegriffe der Wahrung der *communio*, des *bonum commune* und der *salus animarum* bestimmt aufgrund göttlicher Ermächtigung und begrenzt durch das göttliche Recht das authentische Lehramt. Damit liegen die Leitprinzipien oder Kriterien zur Abwägung und Feststellung, welche Erfordernisse der *salus animarum* welche interpretative oder anwendende Rechtsgestaltung[46] erfordern, in seiner Hand. Das kirchliche Recht kann nicht nur wegen seiner Ausrichtung auf das Seelenheil als immer pastoral bezeichnet werden,[47] sondern auch aufgrund der Letztverantwortung der Hirten für die Verwirklichung dieser Ausrichtung.[48]

---

[45] Ein textlich unterschiedener, aber sachlicher Vorläufer der Bestimmung ist 1979 eine überarbeitete Fassung des c. 19 SchemaPopDei, vgl. Com 12 (1980), 80. Im Schema CIC 1980 fehlt die Bestimmung. Erst im Schema CIC 1982 findet sich c. 209 § 1, aber mit dem angehängten Attributsatz zum Ausdruck „Kirche“: „[...] cum Ecclesia, a Romano Pontifice et Episcopis in hierarchica communione cum cuiusdem Ecclesiae capite et membris gubernata“. Der Papst hat ihn bei der letzten Überarbeitung gestrichen. Es wäre eine unnötige Wiederholung und Selbstverständlichkeit gewesen.

[46] Vgl. *Helmuth Pree*, Le tecniche canoniche di flessibilizzazione del diritto: Possibilità e limiti ecclesiali di impiego, in: IE 12 (2000), 375–418.

[47] Vgl. so *Herranz*, aaO. (Anm. 42), 295. Nach *Luis Cordero Rodriguez*, Espíritu y pasión del derecho canónico en la Iglesia, in: Revista Teológica Limense 37 (2003), 377–394 ist der CIC wie alle kirchlichen Gesetze erlassen als ein Weg, die Erlösung der Seelen zu ermöglichen. Darin bestehe der letzte oder metajuridische Zweck des kanonischen Rechts: nämlich wie die Kirche unter aktivem Beistand des Heiligen Geistes zum Heil zu führen. Eines der von Christus der Kirche dazu hinterlassenen Hilfsmittel sei das Recht. Das kanonische Recht sei jene Pastoral, die der Papst in der Universalkirche zu entwickeln und durchzuführen hat, vgl. 378. Die Kirche habe nach und nach erfaßt, daß innerhalb ihrer Heilssendung auch eine rechtliche Mission liegt, daß durch das Recht das Leben geheiligt wird, vgl. 383.

Die programmatisch an den Schluß des CIC gestellte Maxime, „salus animarum in Ecclesia suprema semper lex esse debet“ (c. 1752), ist eine Nachbildung zu dem aus dem römischen Recht tradierten Grundsatz „salus populi suprema lex“.[49] Der Sache nach ist in ihm die zugrundeliegende Redewendung *Ciceros* bewahrt: „Den Herrschenden soll das Wohl des Volkes oberstes Gesetz sein“.[50] Kirchliches Recht ist so vor allem materiales, nicht neutrales oder formales Recht.[51] Es ist politisches Instrument der Hierarchie zur Umsetzung des lehrmäßig bestimmten Gemeinwohls.

4. Unter den tria vincula – Glaubensbekenntnis, Sakramente und kirchliche Leitung –, die Erhalt und Behalt der sichtbaren Verbindung mit Christus anzeigen, ist die kirchliche Obrigkeit in katholischer Sicht unaufgebbares Leitkriterium.

Die Christusbeziehung wird sichtbar an den Bändern Glaubensbekenntnis, Sakramente, Obrigkeit. Ihrer Regulierung unterstehen die beiden ersten Bänder. Das universalkirchliche Lehramt

---

Tarcisio Bertone, Il Sacramento dell'Eucaristia nell Codice di Diritto Canonico, in: OR 142 (2002) vom 21.09.2002, 6 betont: Die Sakramentalität des kirchlichen Rechtes in seinem eigenen Sinne sei nichts anderes als ein Ausdruck der breiteren Sakramentalität, die der Kirche zugeschrieben wird. Gemäß der antiken spirituellen und charismatischen Auffassung vom Recht, sei dieses ein göttlich-menschliches Instrument des Heils; seine lebendige und verlebendigende Realität sei in jeder positiven kanonischen Disziplin präsent.

[48] Dem entspricht die große Bedeutung des Ermessens im CIC, vgl. *Helmuth Pree*, Ermessen, in: LKStKR I, 605–610. Zur Notwendigkeit, dieses Ermessen stärker zu binden, um einer Auslegung von „pastoral“ als willkürlich vorzubeugen, vgl. *ders.*, Bemerkungen zum Normbegriff des CIC/1983, in: ÖAKR 34 (1985), 25 (32f und 39f).

[49] Vgl. *Thomas Schüller*, Barmherzigkeit, 293 (Anm. 27) sowie ebd., 293–302 zur Tradition der kanonischen Version.

[50] „Ollis [altlateinisch illis = Imperantibus] salus populi suprema lex esto“, vgl. *Detlef Liebs*, Lateinische Rechtsregeln und Rechtssprichwörter, München 1982, 193.

[51] Zur Konkretisierung vgl. unten These 6. Zum Verständnis der Eigenart und Problematik eines vorwiegend materialen Rechtsbegriffs aus rechtsstaatlicher Sicht vgl. anschaulich *Ernst-Wolfgang Böckenförde*, Die Rechtsauffassung im kommunistischen Staat, München 1967, bes. 33–55 und 85–93. Daraus folgt nicht zwingend das Postulat eines rein formalen Rechtsbegriffs, vgl. *ders.*, Staatliches Recht und sittliche Ordnung, in: *Hermann Fechtrup* (Hg.), Aufklärung durch Tradition, Münster 1995, 87–107.

(des Papstes und – unter seiner Autorität – des Bischofskollegiums) beansprucht die Kompetenz authentischer Lehrverkündigung. *Formal* bedeutet dies den Anspruch, in allen Angelegenheiten von Glaube und Sitte in der Autorität Christi und mit Anspruch auf rechtlichen Lehrgehorsam sowie unter bestimmten Bedingungen irreformabel Feststellungen zu treffen und Interpretationen vorzunehmen. *Materiell* geht es um theologisch-spekulative Inhalte (*fides*) und das sog. „moralische Gesetz" (*mores*) im Sinne praktischer (sittlicher wie rechtlicher) Verhaltensnormen. Darin enthalten ist das *ius divinum positivum sive naturale* wie das *ius humanum* in einem moralische Normen einschließenden Sinn.[52]

Beide Arten von Inhalten (*fides vel mores*) gehören nach amtlichem Verständnis entweder zum *donum revelatum*, dem Gesamtbestand der in Schrift bzw. Tradition geoffenbarten Wahrheiten,[53] oder zu jenen Lehren, die nicht als solche geoffenbart sind, aber in einem engen Zusammenhang zu jenen Wahrheiten stehen. Beide Ebenen machen das der Kirche anvertraute *depositum fidei* in dem durch das Lehramt neuerdings erweiterten Sinne aus.[54]

---

[52] Vgl. cc. 747–752 sowie die Normen über die Kompetenzen der Auslegung und der Ausstattung mit Sanktionen cc. 1075 § 1 und 1315 und 1399, vgl. *Klaus Lüdicke*, in: MKCIC 1075, 2, 4 und 1315, 3. Eine allgemeinverständliche Darlegung der traditionellen zum Verständnis der lehramtlichen Äußerungen unerläßlichen Begrifflichkeit bietet *Karl Heinz Peschke*, Christian Ethics. Moral Theology in the Light of Vatican II., 1: General Moral Theology, Alcester ^{7}1993, bes. 108–176; in bezug auf Lehräußerungen von Papst *Leo XIII.* bis Papst *Paul VI.* vgl. detaillierter *Josef Schuster*, Ethos und kirchliches Lehramt. Zur Kompetenz des Lehramtes in Fragen der natürlichen Sittlichkeit, Frankfurt a. M. 1984 (=FThSt 31), bes. 75–113, sowie *Friedo Ricken*, Naturrecht I. Altkirchliche, mittelalterliche und römisch-katholische Interpretationen, in: TRE 24 (1994), 132–153 (Lit.!). Zur Enzyklika *Veritatis Splendor* vgl. *Lawrence J. Welch*, Christ, the Moral Law, and the Teaching Authority of the Magisterium, in: ITHQ 64 (1999), 16–28, und *Paolo Carlotti,* L'*intrinsece malum* et la *Veritatis Splendor*. Aspetti del dibattito teologico-morale, in: *Antonio Russo/Gianfranco Coffele* (Hg.), Divinarum rerum notitia. La teologia tra filosofia e storia. FS *Kard. Walter Kasper*, Rom 2001, 135–169, sowie P. Carlotti, La recezione ecumenica dell' enciclica „Veritatis splendor", in: *Gianfranco Coffele* (Hg.), Dilexit Ecclesiam. FS Donato Valentini, Rom 1999 (= Biblioteca di scienze religiose 149), 801–832.

[53] Zur theologischen Kritik an der Redeweise von den Offenbarungswahrheiten (Plural!) und dem ihm entsprechenden Offenbarungsverständnis sowie zu seiner amtlichen Weitergeltung vgl. *Lüdecke*, aaO. (Anm. 13), 209 (213–216).

[54] C. 747 § 1 verwendet *depositum fidei* im Sinne von Offenbarungsschatz. Neuerdings lösen sich amtliche Texte von der in der theologischen Erkenntnislehre

Definitiven (infalliblen, irreformablen) Lehren gebührt rechtlicher Glaubensgehorsam (*credenda, fides divina*) (c. 750 § 1) bzw. unbedingte Annahme und Bewahrung (*firmiter amplectanda ac retinenda, „fides" ecclesiastica*) (c. 750 § 2). Lehren, die einen Zusammenhang mit der Offenbarung nicht haben, sind nicht Gegenstand des authentischen unfehlbaren Lehramts. Sie werden gleichwohl vom authentischen nicht-unfehlbaren Lehramt mit dem Anspruch auf religiös begründeten Verstandes- und Willensgehorsam vorgelegt. Dieser Anspruch gilt bis zur Selbstkorrektur seitens des Lehramts. Öffentlicher Widerspruch gegen solche Lehren ist nicht zulässig (c. 752 mit c. 1371 n. 2).[55] Die Reichweite der einzelnen Verpflichtungsebenen zu bestimmen, ihnen die verschiedenen Lehren zuzuordnen und damit den Umfang der eigenen Kompetenz festzulegen („Kompetenz-Kompetenz"), obliegt dem kirchlichen Lehramt. Vor diesem Hintergrund erhält die Demutsgeste der Offenbarungskonstitution, das Lehramt stehe nicht über dem Wort Gottes, sondern diene ihm (DV 10b) ihre rechte Dimensionierung.

5. Gläubigkeit (= persönliche Glaubenshaltung, fides qua creditur) bestimmt sich römisch-katholisch als über kirchlichen, d.h.

---

durchgängig anzutreffenden Beschränkung des Ausdrucks *depositum fidei* auf Offenbarungslehren. Die Kongregation für die Glaubenslehre hat die lehramtlich als definitiv gekennzeichnete Lehre über die Unmöglichkeit der Priesterweihe für Frauen einerseits zum *depositum* gerechnet, vgl. *C Doctr,* Responsum vom 28.10.1994, in: AAS 87 (1995), 1114, andererseits festgestellt, sie gelte (noch) nicht als geoffenbarte Lehre, vgl. *dies.*, Nota doctrinalis „Professionis fidei" formulam extremam enucleans vom 29.06.1998, in: AAS 90 (1998), 544 (547 Nr. 7.) Dem entspricht, daß im KKK Nr. 88 unter „Dogmen des Glaubens", denen „unwiderrufliche Glaubenszustimmung" gebührt, auch definitive Lehren verstanden werden, die nicht unmittelbar geoffenbart sind.

[55] Vgl. zu Entstehung und amtlichem Verständnis dieser Antworthaltung ausführlich *Norbert Lüdecke*, Die Grundnormen des katholischen Lehrrechts in den päpstlichen Gesetzbüchern und neueren Äußerungen in päpstlicher Autorität, Würzburg 1997 (=fzk 28), 304–359. Nach amtlichem römisch-katholischen Selbstverständnis ist das Gewissen keine autonome Instanz, sondern eine in rechter Weise, d.h. ekklesionom zu bildende. Indem der Gesetzgeber die öffentliche Abweichung von den lehramtlichen Vorgaben rechtlich sanktioniert, will er den Gläubigen helfen, daß sie die sittliche Pflicht zur rechten Gewissensbildung am Lehramt erfüllen, vgl. *Georg* Bier, Verbindlichkeit, in: LKStKR 3 (2004), 749f.

letztlich primatialen Lehr- und Leitungsgehorsam vermittelter Gottes- oder Heilsgehorsam, als obsequium sacrum.

Wie sehr Glaubensschutz und Sorge um die Autorität innerkatholisch zusammenhängen, hat *Dietrich Pirson* ebenso ökumenisch behutsam wie analytisch klar an der Rechtsfigur der *credenda*, also der Rechtspflicht zu glauben, bestätigt.[56] Eine rechtsdogmatische Gesamtwürdigung der lehrrechtlichen Grundnormen[57] des Codex ergibt: Papst Johannes Paul II. hat die formale Autorität nicht-definitiver Lehren erhöht, die lehramtliche Autorität unterstrichen und geschützt und auf die Urgierung der entsprechenden Normen durch die rechtsanwendenden Instanzen gedrungen. Von allen Gläubigen ist unter Strafandrohung rechtlich die innere Aneignung aller lehramtlichen Vorlagen gefordert – unabhängig von vorgängiger Einsicht allein aufgrund der formalen Autorität. Jeder öffentliche Widerspruch ist unzulässig. Seither wurde und wird die universalkirchliche Lehrautorität erstmals in einem so weitreichenden Umfang ausgeübt. In der Reaktivierung lehramtlicher Kompetenz, die nie zurückgenommen, sondern nur zeitweilig weniger eingesetzt wurde, verdünnt sich der theologische Topos von der Eigenständigkeit des *sensus fidei* faktisch zum Gehorsam.[58] Das Verhältnis von Lehre und Glaubensantwort gestaltet sich nach dem Modell von Befehlsvorgabe und Befehlsausführung.[59] Die im nicht-definitiven Bereich nicht grundsätzlich ausgeschlossene Irrtums*möglichkeit* der kirchlichen Autorität wird durch undeutlicher werdende Grenzen zum definitiven Bereich vernachlässigt. Dem entspricht das lehramtliche Verständnis der Theologie. Ihre Funktion wird als systematisierend, illustrierend und bescheiden anregende Zuar-

---

[56] Vgl. *Dietrich Pirson*, „Firmiter credendum est". Gibt es eine Rechtspflicht zum Glauben?, in: *Heinrich de Wall/Michael Germann* (Hg.), Bürgerliche Freiheit und Christliche Verantwortung. FS *Christoph Link*, Tübingen 2003, 111–119.

[57] Für einen Überblick über weitere lehrrechtlich relevante universalkirchliche Verlautbarungen vgl. *Böckenförde*, aaO. (Anm. 14), 230–231.

[58] Vgl. *Wolfgang Beinert*, Die Rezeption und ihre Bedeutung für Leben und Lehre der Kirche, in: *ders.* (Hg.) Glaube als Zustimmung. Zur Interpretation kirchlicher Rezeptionsvorgänge, Freiburg/Basel/Wien 1991 (=QD 131), 28, 34.

[59] Vgl. *Werner Böckenförde*, Statement aus der Sicht eines Kirchenrechtlers, in: *Dietrich Wiederkehr* (Hg.), Der Glaubenssinn des Gottesvolkes – Konkurrenz oder Partner des Lehramts? (QD 151), Freiburg/Basel/Wien 1994, 207 (208).

beit für das Lehramt gesehen und geschätzt.[60] Entscheidungskompetenz in Fragen der Lehre besitzt ausschließlich das Lehramt. Hinsichtlich der Verbindlichkeit von Lehren gilt als Kurzformel: *solum magisterium (hierarchiae)*.

Katholische Gläubige wie Bischöfe und ökumenisch Engagierte quer durch die Konfessionen unterschätzen oder verdrängen bis heute die Bedeutung des Kirchenrechts für das Selbstverständnis der römisch-katholischen Kirche und die enge Verbindung, die Lehre und Recht in diesem Selbstverständnis eingegangen sind. Nach kanonischem Recht und amtlicher Lehre gilt nach wie vor: Glaubenslehre und Kirchenrecht gehen „durch Dogmatisierung der Rechtsgrundlagen und Verrechtung der Glaubenslehre ineinander auf und treten an die Gläubigen Hand in Hand heran mit den Forderungen des Glaubens- und Rechtsgehorsams".[61]

6. Dem römisch-katholischen Glaubensbegriff entspricht der konfessionelle Begriff des Kirchenrechts. Das Recht wird phänomenologisch und strukturell analog zum Recht des Staates gesehen, nicht dem des modernen Rechtsstaats, sondern dem des neuzeitlichen absolutistischen Obrigkeitsstaats mit dem nur moralisch gebundenen absoluten Monarchen an seiner Spitze,

---

[60] Vgl. dazu im einzelnen *Georg Bier*, Das Verhältnis zwischen dem kirchlichen Lehramt und den Theologen in kanonistischer Perspektive, in: *Reinhild Ahlers/Beatrix Laukemper-Isermann* (Hg.), Kirchenrecht aktuell. Anfragen von heute an eine Disziplin von „gestern", Essen 2004 (=BZMK 40), 1–44.

[61] *Erwin Ruck*, Kirchenrecht, Berlin 1926, 3. *Kardinal Meisner* betonte dementsprechend bei seiner Intervention auf der Bischofssynode am 02.09.2001 unter großem Beifall, die Bischöfe seien nicht nur berufen, vom Glauben Zeugnis abzulegen und diesen zu pflegen und zu bewahren, sondern auch den Glauben zu beurteilen und zu disziplinieren und wenn nötig – in Einheit mit der universalen Jurisdiktionsgewalt des Papstes – in die richtige Form zu bringen, vgl. L'Osservatore Romano 161 (2001), Nr. 226 vom 03.10.2001, 7. Zur Problematik der Verknüpfung von Dogma und Recht vgl. *Peter Huizing/William Bassett*, Glauben auf Befehl? Rechtsprobleme rund um die Lehrautorität, in: Conc(D) 12 (1976), 405–409 und *Johannes Neumann* antwortet *Ingo Hermann*, Braucht die Kirche ein Recht? Funktion und Grenzen des Rechts in der Kirche (Das theologische Interview 14), Düsseldorf 1970, 31f. Zur theologischen Problematik eines Verständnisses des Glaubens als Gehorsam vgl. *Otto Hermann Pesch*, Glaube, in: *Peter Eicher* (Hg.), Neues Handbuch theologischer Grundbegriffe, München 1984, 91 (94, 99f, 106) sowie *Hans Waldenfels*, Kontextuelle Fundamentaltheologie, Paderborn/München/Wien u.a. 1985, 300–303, 413f.

der das Gemeinwohl verwirklicht.[62] *Christus hat die Kirche zur Erfüllung ihrer Sendung in der Welt als absolute klerikale (Wahl)Monarchie gewollt.*[63] *Ihr Recht ist wahrheitsorientiertes und so vorrangig materiales Recht.*

Das zeigt sich an folgenden Relativierungen der formalen Seite des Rechts:

a) Es gibt „im katholischen Kirchenrecht kein geregeltes Gesetzgebungsverfahren, kein geregeltes Verfahren zum Erlaß allgemeiner Verwaltungsakte, kein Verfahren zur Überprüfung der Rechtmäßigkeit von Gesetzen und generellen Verwaltungsakten, keine Legistik, so gut wie keine Theorie der kirchlichen Rechtssprache, keine explizite Lehre vom Ermessen [...] und keine Lehre vom Rechtssatz“,[64] dafür aber eine Vielzahl offener Rechtsbegriffe.[65]

b) Dem entspricht, daß es dem festgelegten Kirchenrecht an inhaltlicher Gewißheit, Unverbrüchlichkeit und Verläßlichkeit mangelt. Jederzeit kann der Sinn eines Gesetzes durch eine au-

---

[62] Vgl. auch *Hermann Josef Pottmeyer*, Unfehlbarkeit und Souveränität. Die päpstliche Unfehlbarkeit im System der ultramontanen Ekklesiologie des 19. Jahrhunderts, Mainz 1974 (=TTS 5), bes. 364–371, 388–409; *Hans Dombois*, Kirchenrechtliche Betrachtungen nach dem Konzil, in: *Johann Christoph Hampe* (Hg.), Die Autorität der Freiheit. Gegenwart des Konzils und Zukunft der Kirche im Ökumenischen Disput, Bd. 2, München 1967, 527 (534) sowie *Schatz*, aaO. (Anm. 36), 197.

[63] Nach *Franceso D'Ostilio*, Prontuario del Codice di Diritto Canonico. Tavole sinottiche, Vatikanstadt 1995, 176 kann von einer monarchischen Leitung der Kirche im strikten Sinne gesprochen werden. Nach *Reinhard Schwarz*, Vom Geist des Kirchenrechts, in: ÖAKR 31 (1985), 223 (228) „signalisiert“ gerade ein „nach außen hin absolutistisch erscheinendes Rechtssystem [...] im kirchlichen Bereich“ anders als im Staat „höchstes Recht, weil hier von derartigen Strukturen die Gewährleistung der übernatürlichen Heilsgüter abhängt“.

[64] *Helmuth Pree*, Rezension zu *Lothar Wächter*, Gesetz im kanonischen Recht (1989), in: ThRv 87 (1991), 316 (316).

[65] *Bernd Rüthers*, Verantwortete Interpretation in der Sicht eines Juristen, in: *Robert Alexy/Ralf Dreier/Ulrich Neumann* (Hg.) Rechts- und Sozialphilosophie in Deutschland heute. Beiträge zur Standortbestimmung, Stuttgart 1991, 312–327 kritisiert: Neue Rechtsquellen und kalkulierte Unklarheiten über ihre Rangfolge untereinander sind geeignete Mittel, den Inhalt der Rechtsordnung gemäß den Interessen der Rechtsanwender zu verändern. Generalklauseln und unbestimmte Rechtsbegriffe sind Einfallstore für die Rechtfertigung und Stabilisierung neuer Ideologien oder Machtlagen.

thentische Interpretation geändert werden,[66] Rechtsänderung durch Begriffsänderung erfolgen. Kennzeichnend ist die „Blankettstrafdrohung"[67] des c. 1399.[68] Nach ihm gilt im Kirchenrecht

---

[66] Vgl. *Hubert Socha*, in: MKCIC 16, 2 und 14. Hinzu kommt, daß der dafür zuständige Rat für die authentische Interpretation der Gesetzestexte seit 1996 in kodikarisch nicht vorgesehenen Formen tätig wird. Er richtet unpublizierte „offizielle Antworten" direkt an den Fragesteller. Unter der irreführenden Bezeichnung „private Antworten" geraten diese doch an die Öffentlichkeit. Zur Klärung von Zweifeln publiziert er *declarationes*, ohne daß diese formal authentische Interpretationen darstellen. Auf Anfragen römischer Dikasterien zur Rechtsanwendung veröffentlicht er *Notae explicativae*. Kanonistisch werden sie als Meinungen eines amtlichen Organs eingestuft, in der die Kraft der Argumente entscheidend ist. Ihre Diktion ist gleichwohl autoritativ, vgl. etwa die *Nota explicativa zu c. 915,* in: Com 32 (2000), 160 Nr. 2. Diese Diktion und die Publikation werden als gefährlich eingeschätzt. Sie könnten zu kirchenpolitischen Zwecken mißbraucht werden und die wissenschaftliche Interpretation verkümmern lassen, vgl. *Carol Maria Polvani*, Authentic interpretation in canon law. Reflections on a distinctively canonical institution, Rom 1999 (=Tesi Gregoriana Serie: Diritto Canonico 34), 305–312; vgl. auch *Klaus Lüdicke*, in: MKCIC 915, 7.

[67] *René Pahud de Mortanges*, Zwischen Vergebung und Vergeltung. Eine Analyse des kirchlichen Straf- und Disziplinarrechts, Baden-Baden 1992 (=Rechtsvergleichende Untersuchungen zur gesamten Strafrechtswissenschaft 3. Folge 23), 180.

[68] „Außer den Fällen, die in diesem oder in anderen Gesetzen geregelt sind, kann die äußere Verletzung eines göttlichen oder eines kanonischen Gesetzes nur dann mit einer gerechten Strafe belegt werden, wenn die besondere Schwere der Rechtsverletzung eine Bestrafung fordert und die Notwendigkeit drängt, Ärgernissen zuvorzukommen oder sie zu beheben." Die Einführung des Legalitätsprinzips im Strafrecht wurde während der Arbeit am Codex verschiedentlich gewünscht, vgl. Com 7 (1975), 94; Com 8 (1976), 167. Auf der Vollversammlung der Codexkommission vom 24.–27.05.1977 wurde sie abgelehnt, vgl. Com 9 (1977), 80 sowie *Pontificia Commissio Codici Iuris Canonici Recognoscendo*, Relatio complectens synthesim animadversionum ab Em.mis atque Exc.mis Patribus Commissionis ad novissimum Schema Codicis Iuris Canonici exhibitarum, cum responsionibus a secretaria et consultoribus datis, Typis Polyglottis Vaticanis 1983, 305. Systemgerecht wurde der Integrität der kirchlichen Sendung und der Vermeidung etwaiger Gefahren für das Seelenheil der Vorrang eingeräumt gegenüber den subjektiven Rechten und der Rechtssicherheit. Der *favor animarum et institutionis* wurde konsequent gewahrt, vgl. *Francesco Nigro*, c. 1399, in: *Pio Vito Pinto* (Hg.), Commento al Codice di diritto canonico, Rom 1985, 822 (823). *Anton Stiegler*, Der kirchliche Rechtsbegriff. Elemente und Phasen seiner Erkenntnisgeschichte, München/Zürich 1958, 162f (Anm. 145) hat dieses im CIC 1917 erstmals kodifizierte Prinzip als eine konsequente Haltung gelobt, die „nur aus der Kernfrage göttlich-menschlicher Strafgerechtigkeit zu verstehen und zu würdigen ist: Gott straft nicht aus Nützlichkeitserwägungen heraus. Er will, daß die gute Tat belohnt, die böse bestraft werde. Die menschliche Strafgewalt, obwohl begrenzt, muß dieser Propädeutik möglichst nahe zu kommen suchen. Da aber das, was menschlicher Gemeinschaft schutzwürdig erscheint, sich im Laufe der Zeit ändern mag, muß das kanonische Strafrecht

nicht *nulla poena sine lege*, sondern *nullum crimen sine poena*.[69] Recht ist, was im Urteil der universalkirchlichen Autorität der *communio* dient.[70]

---

trotz aller Sicherungen für einen einzelnen Fall mit möglichster Wendigkeit ausgestattet sein".

[69] Was *Hans Barion*, Kirchenrecht, I. Wesen und Rechtsquellen, A. Kath. Kirche, in: *Böckenförde (Hg.)*, aaO. (Anm. 30), 327 (332), für die Vorgängernorm feststellte, gilt auch heute: „[...] Rechtskirche darf [...] nicht als geistliches Pendant zum Rechtsstaat als einem Staat, der eine einmal festgelegte Rechtsordnung solange innehält, als sie formell in Kraft steht, verstanden werden. Im ganzen Bereich des rein kirchlichen Rechts vielmehr gilt das K[irchenrecht] nicht unverbrüchlich, sondern wenigstens theoretisch nur soweit und solange, als seine Befolgung nicht dem jeweils für kirchlich wichtiger gehaltenen Zweck im Wege steht. Hierfür ist das schlagende Beispiel c. 2222 § 1 [...]". Zur Problematik und kanonistischen Diskussion der Norm vgl. *Klaus Lüdicke*, in: MKCIC 1399, 3f. Aus juristischer Sicht hat *Albin Eser*, Strafrecht in Staat und Kirche. Einige vergleichende Beobactungen, in: *Dieter Schwab/Dieter Giesen/Joseph Listl/Hans-Wolfgang Strätz* (Hg.), Staat, Kirche, Wissenschaft in einer pluralistischen Gesellschaft. FS Paul Mikat, Berlin 1989, 493–513 (511f), auf die – rechtstechnisch – ähnliche analogieerlaubende Generalklausel des nationalsozialistischen Reichsstrafgesetzbuches in der Fassung vom 28.06.1935 hingewiesen. Sein § 2 lautet: „Bestraft wird, wer eine Tat begeht, die das Gesetz für strafbar erklärt oder die nach dem Grundgedanken eines Strafgesetzes und nach gesundem Volksempfinden Bestrafung verdient. Findet auf die Tat kein bestimmtes Strafgesetz unmittelbar Anwendung, so wird die Tat nach dem Gesetz bestraft, dessen Grundgedanke auf sie am besten zutrifft." Als amtliche Begründung gibt *Eser* wieder, der geschickte Verbrecher dürfe nicht durch Maschen oder Lücken des geschriebenen Gesetzes hindurchschlüpfen können. Nicht die Sicherheit des Verbrechers vor verdienter Strafe, sndern die Sicherung der Volksgemeinschaft gegen jeden verbrecherischen Angriff müsse das Ziel der Staatspflege sein. Für *Eser* ist es mindestens eine Frage der Klugheit, „ob sich die Kirche angesichts der ohnehin geringen praktischen Bedeutung ihres Strafrechts weiterhin die Generalklausel leisten sollte, mit der sie sich – auch wenn letztlich zu Unrecht – dem Verdacht eines ideologiebedingten Universalitätsanspruchs wie sonstige totalitäre Staaten aussetzt".

[70] Der damalige Vizeoffizial und heutige Offizial des Bistums Regensburg, Domvikar *Josef Ammer* schrieb in einem Leserbrief an die Deutsche Tagespost vom 24.04.2003, 11, als anläßlich der Entlassung eines Mitglieds aus einem pastoralen Gremium durch Bischof Müller die Einhaltung kodikarischer Verfahrensvorschriften eingemahnt wurde: „Das Kirchenrecht ist [...] immer im Lichte unverrückbarer und theologischer Vorgaben zu interpretieren und anzuwenden [...], das heißt es kann theologisch und kirchenrechtlich nicht sein, daß ein Bischof in der Wahrnehmung seines Wächteramtes durch das Kirchenrecht selbst gehindert würde". Damit ist der genannte Grundsatz gut eingefangen, gleichwohl in einer hypertrophen Vorstellung vom Diözesanbischofsamt auf das falsche Subjekt bezogen. Der Diözesanbischof steht immer unter dem universalkirchlichen Recht. Für eine realistische Einschätzung dieses Amtes vgl. *Georg Bier*, Die Rechtsstellung des Diözesanbischofs nach dem Codex Iuris Canonici von 1983, Würzburg 2001 (= fzk 32).

c) Die wahre Gleichheit der Gläubigen nach c. 208 besteht in ihrer Taufwürde vor Gott. Sie bedeutet Gleich*wertigkeit*, nicht Gleich*berechtigung*. Sie schließt Rechtssetzung und -anwendung nach Standes- und Geschlechtskriterien nicht aus, sondern ein.[71]

d) Die im CIC statuierten allen Gläubigen gemeinsamen Rechte (cc. 211–223) sind nicht Grundrechte. Sie sind dies formal nicht, weil der Codex einen Stufenbau der Rechtsordnung im Sinne der staatlichen Unterscheidung von Verfassungsrecht und einfachem Gesetzesrecht nicht kennt.[72] Das längere Zeit vorgesehene Projekt eines kirchlichen Grundgesetzes (LEF) wurde aufgegeben. Für die aus ihm in den CIC übernommenen Canones wurde die Bezeichnung „Grundrechte" bewußt vermieden. Alle Rechte der Gläubigen sind einfache Gesetze. Ihre systematische Zusammenstellung ist übersichtlich. Materiellhöherrangig werden sie dadurch nicht. Sie gründen nicht im Menschsein, sondern in der Taufe, sind nach der Konzeption des Codex Gliedschaftsrechte. Sie stehen unter einem doppelten Vorbehalt: dem der Erfüllung der umfassenden Grundpflicht, die Gemeinschaft mit der Kirche zu wahren und alle Pflichten ihr gegenüber zu erfüllen (cc. 209 und 223 § 1), und dem kirchenrechtlich unbeschränkten Vorbehalt der Regelung ihrer Ausübung durch die kirchliche Autorität (c. 223 § 2).[73]

---

[71] Vgl. *Norbert Lüdecke*, Kanonistische Bemerkungen zur rechtlichen Grundstellung der Frau im CIC/1983, in: Kirchliches Recht als Freiheitsordnung. Gedenkschrift für *Hubert Müller*, Würzburg 1997 (=fzk 27), 66–90. *Paul Kirchhof*, Gleichheit und kirchliche Lehre, in: *Baldur Hermans* (Hg.), Zeugnis des Glaubens Dienst an der Welt. FS *Franz Kard. Hengsbach*, Mühlheim an der Ruhr 1990, 73 (77) sieht ein „die real-politische Ordnung ausklammerndes Gleichheitsverständnis" in der „Gefahr, alle jeweils bestehenden sozialen Ordnungen zu rechtfertigen und zu festigen". Zur langen christlichen Tradition dieses Gleichheitskonzepts vgl. *Ernst Dassmann*, „Ohne Ansehen der Person". Zur Frage der Gleichheit aller Menschen in frühchristlicher Theologie und Praxis, in: *Dieter Schwab u.a.* (Hg.), aaO. (Anm. 69), 475–491.

[72] Vgl. *Helmuth Pree/Hans Heimerl*, Kirchenrecht. Allgemeine Normen und Eherecht, Wien/New York 1983, 24. Die verbreitete Redeweise von „Grundrechten" oder „Gleichberechtigung" in der Kirche ist als kritischer Appell nachvollziehbar. Rechtsdogmatisch ist sie falsch.

[73] Vgl. die treffende Beschreibung der Konzeption *de lege lata* bei *Winfried Aymans*, Vom Grundstatut zum Gemeinstatut aller Gläubigen, in: *ders./Karl-Theodor Geringer* (Hg.), Iuri Canonico Promovendo. FS *Heribert Schmitz*, Regensburg 1994, 3–22. Für Kritik an kanonistischen Legitimierungen dieses Rechtszustands und Desiderate *de lege ferenda* vgl. *Helmuth Pree*, Esercizio della potestà e diritti di

e) Die Rechte der Gläubigen grenzen nicht individuelle Entfaltungsfreiräume ab. Es sind Mitwirkungs- und Beteiligungsrechte zur Verwirklichung der kirchlichen Zielsetzung. Dementsprechend sind den Rechten Betätigungspflichten an die Seite gestellt. Der von *Winfried Aymans* für die Rechtssprache vorgeschlagene Ausdruck „Gemeinrechte" hebt sie nicht nur als „gemeinsame" Rechte von Grundrechten ab.[74] Er bringt auch ihre Ausrichtung auf die Verwirklichung des Gemeinwohls zur Geltung.[75]

f) Als materiales Recht enthält das kirchliche Recht auch moralisches Recht. Es verpflichtet im Gewissen. Es richtet sich nicht nur auf äußeres Verhalten, auf ein Tun oder Lassen. Es kann sich auch auf die innere Gesinnung der Menschen (z.B. cc. 210, 750; 752f, 1249) beziehen.[76] Es greift in diesem Sinne auf

---

fedeli, in: IE 11 (1999), 7–39, 22–32 (29f). Zu Optionen für die Rezeption von Menschenrechten, zu kanonistischen Grundrechtstheorien und zur Kritik an c. 223 § 2 vgl. *Hafner*, aaO. (Anm. 7), 173–292, bes. 249–252.

[74] Vgl. *Aymans*, aaO. (Anm. 73), 22. Vgl. auch *Peter Landau*, Reflexionen über Grundrechte der Person in der Geschichte des kanonischen Rechts, in: *Heinrich J.F. Reinhardt* (Hg.), Theologia et Jus Canonicum. FS *Heribert Heinemann*, Essen 1995, 517 (517f): „Dem Prinzip des Seelenheils entspricht eher die Rolle des Individuums als eines Destinatärs, eines Begünstigten durch die geistlichen Gaben der Kirche, die den Gläubigen aufgrund der Gnade Gottes zuteilwerden. Dieser Ansatz führt dann zu einer Konzeption von Grundrechten des einzelnen als Empfänger der Gaben der Kirche".

[75] Vgl. anschaulich *Rudolf Michael Schmitz*, Das Recht der Laien auf die Verkündigung der göttlichen Heilsbotschaft. Seine Verankerung in der Rechtsordnung des CIC, in: *Franz Breid* (Hg.), Kirche und Recht. Referate der „Internationalen Theologischen Sommerakademie 1998" des Linzer Priesterkreises in Aigen/M., Steyr 1988, 66–100.

[76] Z.B. befiehlt c. 752 nicht nur die äußere Gefolgschaft gegenüber nichtdefinitiven Lehren, sondern auch die innere, zustimmende Anerkennung. Der Gesetzgeber erwartet, daß ein etwaiger Mangel an Einsicht in die inneren Gründe aus religiöser Anerkennung der kirchlichen Autorität doch in eine innere Zustimmung überführt wird, vgl. im einzelnen *Lüdecke*, aaO. (Anm. 55), 327–330. Daß die Sanktionierung eines Verstoßes nur bei äußerlicher Manifestierung möglich ist, ändert an dem Anspruch nichts. Als Überblick zu der hier nicht führbaren kanonistischen Diskussion über die Gesetzgebungsgewalt bezüglich innerer Akte und über die Eigenart der rechtlichen Normierung religiös-moralischer Akte und Handlungen im CIC vgl. *Jan Vries*, Gottesbeziehung, 49–100 sowie die instruktive Aufbereitung der diesbezüglichen Kontroverse zwischen *Joseph Klein* und *Hans Barion* bei *Marietherese Kleinwächter*, Das System des göttlichen Kirchenrechts. Der Beitrag des Kanonisten *Hans Barion* (1899–1973) zur Diskussion über Grundlegung und Grenzen des kanonischen Rechts (fzk 26), Würzburg 1996, 273–333.

die Person als ganze zu[77] und erlaubt nur eingeschränkt eine Trennung von innen und außen. Daraus ergeben sich auch Notwendigkeit wie Problematik der Gesinnungsprüfung und Gesinnungsgewähr.[78]

---

[77] Für *Reinhard Schwarz*, Vom Geist des Kirchenrechts, in: ÖAKR 31 (1985), 223 (240), nimmt das Kirchenrecht „wie alle totalitären Systeme den ganzen Menschen mit all seinen Kräften in die Pflicht [...], damit er am Aufbau der gemeinsamen Sache, hier des Leibes Christi, aktiv mitwirkt. Aber gerade diese kompromißlose Radikalität [...] muß als Zeichen dafür angesehen werden, daß es [...] um die Erlangung des [...] Heils" geht. Vorschläge, durch eine deutlichere Unterscheidung von Recht und Moral, auch im kanonischen Recht dem Gewissensurteil der Gläubigen Geltung zu verschaffen, unterbreitet *Helmuth Pree*, Forum externum und forum internum. Zur Relevanz des Gewissensurteils im kanonischen Recht, in: AfkKR 168 (1999), 25–50.

[78] Vgl. etwa die Einforderung einer „Totalverpflichtung gegenüber dem kirchlichen Lehramt" – so *Franz Dünzl*, Perfekter Kontrollmechanismus. Thesen zur neuen „professio fidei" und dem „iusiurandum fidelitatis", in: Anzeiger für die Seelsorge 99 (1990), 347 (349) – durch die „Professio fidei" in der Fassung von 1989. Sie ist von Personen abzulegen, die ein Kirchenamt übernehmen, das in einer qualifizierten Beziehung zur Lehraufgabe der Hierarchie steht (c. 833), vgl. *Lüdecke*, aaO. (Anm. 55), 416–434, 443–448 sowie *ders.*, Ein konsequenter Schritt. Kirchenrechtliche Überlegungen zu „Professio fidei" und Treueid, in: HerKorr 54 (2000), 339–344. Für die Überprüfung von Lehre und Lebenswandel bei Theologen und Theologinnen vor und während ihrer öffentlichen Lehrtätigkeit im Namen der Kirche vgl. *Bernhard Häring*, Meine Erfahrung mit der Kirche. Einleitung und Fragen von Gianni Licheri, Freiburg u.a. 1989; *Marianne Müssler* (Hg.), Unsere Erfahrung mit der Kirche, Freiburg/Basel/Wien 1991; *Theresa Berger*, Sei gesegnet, meine Schwester. Frauen feiern Liturgie, Würzburg 1999, 151–168; *Francesco Strazzari* (Hg.), *Edward Schillebeeckx* im Gespräch, Luzern 1994, 74–87; *Hartmut Meesmann* (Hg.), Publik-Forum Materialmappe. Gott, die Taube und die Liebe. Materialien und Dokumente zur Verweigerung des „Nihil obstat" für die Theologin *Silvia Schroer*, Oberursel 1992 sowie aus historischer Sicht *Karl Hausberger,* Franz Heiner als Denunziant seines Kollegen Franz Xaver Kraus. Drei Briefe des Freiburger Kanonisten an den Präfekten der Indexkongregation aus den Jahren 1898/99, in: *Erwin Möde/Thomas Schieder* (Hg.), Den Glauben verantworten. Bleibende und neue Herausforderung für die Theologie zur Jahrtausendwende. FS *Heinrich Petri*, Paderborn 2000, 43–57. Für grundsätzliche Skepsis aus staatsrechtlicher Sicht gegenüber der Möglichkeit einer Gesinnungsprüfung am Beispiel des vor 30 Jahren in Deutschland ergangenen Radikalenerlasses vgl. *Ernst-Wolfgang Böckenförde*, Der Staat als sittlicher Staat, Berlin 1978 (=Wiss. Abhandlungen und Reden zur Philosophie, Politik und Geistesgeschichte 14), bes. 26–30. Die Gesinnungsprüfung hänge immer von einer Vorgabe an Vertrauen oder Mißtrauen ab, führe zum Rückgriff auf vage Anhaltspunkte, zeuge den einmal entstandenen Zweifel fort, der auch durch späteres Verhalten nicht ausgeräumt werden kann, denn die gefährliche Gesinnung kann sich ja tarnen. Nach seiner Erfahrung als akademischer Lehrer habe dies zu „Bataillonen von Duckmäusern und Opportunisten" geführt. All das sei nicht mißbräuchlicher Auswuchs, sondern konsequent, „[...] wenn das Sich-Versichern

7. Freiheit in der römisch-katholischen Kirche bedeutet nicht autonome Selbstverwirklichung in gewollter Freiheit, sondern libertas sacra als gesollte Freiheit. Sie erfüllt sich im Gehorsam.

In der Instruktion „*Redemptionis sacramentum* über einige Dinge bezüglich der heiligsten Eucharistie, die einzuhalten und zu vermeiden sind“[79] wurde aus Anlaß mißbräuchlicher Praktiken im Zusammenhang mit der Eucharistie unter Berufung auf die Enzyklika *Veritatis Splendor* Papst Johannes Paul II. klargestellt: Die Freiheit, „in der wir machen, was wir wollen“, ist eine „illusorische Freiheit“. Die uns von Christus gewährte, also wahre Freiheit ist jene, „in der wir tun können, was würdig und recht ist“. Was das ist, bestimmen nicht die Gläubigen. Sie erfahren es von den kirchlichen Hierarchen in Lehre und Recht.[80]

Die Rechte der Gläubigen als „Freiheitsrechte“ zu bezeichnen, ist mißverständlich. Sie dienen nicht der Verwirklichung subjektiver Freiheit, sondern objektiver Freiheit. Es geht nicht um Freiheit *von* der kirchlichen Gemeinschaft, um die rechtlich garantierte Möglichkeit, nach eigenem Entschluß etwas zu tun oder zu lassen, sondern es geht um die „geistliche“[81] Freiheit *zur* kirchlichen Gemeinschaft, d.h. zur Verwirklichung der Persön-

---

der Gesinnung und damit der Zugriff auf die Gesinnung zum Inhalt rechtlicher Verfahren und Beurteilungen gemacht wird, die ihrer Art nach nur auf Äußeres abzielen können“, vgl. ebd., 27.

[79] Vgl. *Sekretariat der deutschen Bischofskonferenz* (Hg.), Instruktion *Redemptionis Sacramentum* über einige Dinge bezüglich der heiligsten Eucharistie, die einzuhalten und zu vermeiden sind vom 25.03.2004, Bonn 2004 (=VApS 164).

[80] Vgl. ebd. Nr. 7 mit Bezug auf *Papst Johannes Paul II.*, Enzyklika *Veritatis splendor* vom 06.08.1993, in: AAS 85 (1993), 1161f, Nr. 35, sowie *ders.*, Apostolische Konstitution „Sapientia Christiana“ über die kirchlichen Universitäten und Fakultäten vom 15.04.1979, in: AAS 71 (1979), 469–499, Art 39 § 1 nn. 1, 2a. Die *vera libertas* der (akademischen) Lehre könne es notwendigerweise nur geben innerhalb der Grenzen des Wortes Gottes, wie es vom lebendigen *magisterium* der Kirche beständig gelehrt wird. Vgl. auch *Beyer*, aaO. (Anm. 39), 136f, 140f.

[81] So in redlicher Abhebung vom in Staat und Gesellschaft leitenden Freiheitsbegriff *Winfried Aymans/Klaus Mörsdorf*, Kanonisches Recht. Lehrbuch aufgrund des Codex Iuris Canonici 2, Paderborn/München/Wien/Zürich 1997, 84–86 und ausführlich: *Rudolf Michael Schmitz*, Freiheit zum Heil. Zur Grundlegung der *libertas sacra*, in: *Karl-Theodor Geringer/Heribert Schmitz* (Hg.), Communio in ecclesiae mysterio. FS *Winfried Aymans*, St. Ottilien 2001, 573–591. Zu Ansätzen eines überpositiven Freiheitsrechts in der kanonischen Tradition vgl. *Peter Landau*, Reflexionen, aaO. (Anm. 74).

lichkeit in und durch jene Gemeinschaft. Diese Freiheit verwirklicht sich im Leben für die Gemeinschaft.[82]

Am 06.04.2005 hat *Karl Kardinal Lehmann* in seiner Predigt zum Tod von Papst Johannes Paul II. im Pontifikalgottesdienst in der Johannes-Basilika in Berlin bemerkt: „Nicht immer hat man besonders im Inneren der Kirche die Kraft seines prophetischen Auftretens recht verstanden. Nicht wenige werfen ihm auch heute vor, er habe zwar in die Welt hinein ein großes Beispiel der Hoffnung für alle Menschen gegeben, aber nach innen Freiheit und Dialog weniger gefördert. Aber was meint man mit Freiheit und mit Dialog?“[83] Was in der Kirche amtlich damit gemeint ist, hat das Pontifikat Johannes Paul II. eindrucksvoll in Erinnerung gerufen: Das „Wozu“ der Freiheit ist nichts anderes als die lehramtlich verbindlich verkündete Wahrheit.[84]

Diese ekklesio-logische Konsequenz wird ihren gebührenden Anteil am „Santo – subito“ erhalten und bleibt wegweisend für den amtierenden Papst Benedikt XVI. Bei der Meßfeier mit den Kardinälen in der Sixtinischen Kapelle erklärte er: „Mir steht insbesondere das Zeugnis von Papst Johannes Paul II. vor Augen. Er hinterläßt eine mutigere, freiere und jüngere Kirche. Eine Kirche, die nach seiner Lehre und nach seinem Beispiel gelassen auf die Vergangenheit blickt und keine Angst vor der Zukunft hat“.[85] Anläßlich seines Besuchs in Polen ergänzte er am 16.10.2005 in einem Interview, die vielen Dokumente seines Vorgängers stellten „ein sehr reiches Erbe dar, das in der Kirche noch nicht ausreichend umgesetzt ist. Ich sehe eine meiner existentiellen und persönlichen Sendungen darin, nicht viele neue Dokumente zu veröffentlichen, sondern darauf hinzuwirken, daß diese Dokumente umgesetzt werden, denn sie sind ein sehr rei-

---

[82] Vgl. *Matthäus Kaiser*, § 16 Die rechtliche Grundstellung der Gläubigen, in: HdbKathKR, 171–184.

[83] Vgl. http://www.bistummainz.de/bm/dcms/sites/bistum/bistum/ordinariat/dezernate/dezernat_z/pressestelle/mbn/mbn_2005/mbn_050406.html#p4. (eingesehen am 27.11.2005).

[84] Für den Zusammenhang von Wahrheit und Freiheit vgl. *C Doctr*, Instruktion *Donum Veritatis* vom 24.05.1990 über die kirchliche Berufung des Theologen, in: AAS 82 (1990), 1550–1570 sowie *Lüdecke*, aaO. (Anm. 55), 452–497.

[85] Vgl. *Papst Benedikt XVI.*, Ansprache „Gratia copiosa“ bei der Meßfeier mit den Kardinälen in der Sixtinischen Kapelle am 21.04.2005, in: OR(D) 35 (2005) vom 29.04.2005, 8 (9).

cher Schatz, sie sind die authentische Interpretation des II. Vaticanums. Wir wissen, daß der Papst der Mann des Konzils war, der den Geist und den Buchstaben des Konzils innerlich aufgenommen hatte und uns mit diesen Texten verstehen läßt, was das Konzil wirklich wollte – und was es nicht wollte. Er hilft uns, wirklich Kirche unserer Zeit und der Zukunft zu sein".[86]

IV. Ausblick: Freude am Glauben und ökumenische Ermutigung

Eine Nationalhymne drückt nationale Identität aus, das deutsche Leitmotiv „Einigkeit und Recht und Freiheit" laut Regierungshomepage die zentralen Gedanken des Grundgesetzes. Das dargelegte amtliche Verständnis der Trias „Gläubigkeit und Recht und Freiheit" eignete sich als Leitmotiv eines römisch-katholischen Konfessionshymnus. Wo Außenstehende möglicherweise „Gläubigkeit *vor* Recht und Freiheit" und den Double-Bind-Klang des „Du darfst Müssen" heraushören, werden überzeugte römische Katholikinnen und Katholiken in der konsekutiven Reihung den Kern ihrer Glaubensexistenz besungen fühlen.

Vom 10.–12.06.2005 fand in Regensburg der (seit 2001) Fünfte Kongreß „Freude am Glauben" zum Thema „Die Kirche – Hoffnung der Menschen" statt. Mit der Veranstaltung verfolgte der gemeinnützige Verein „Forum Deutsche Katholiken e.V." – unter dem Logo der Peterskuppel als Ausdruck der Treue zum Heiligen Vater, zu Rom als Mittelpunkt der Weltkirche und der Mitsorge für die katholische Kirche in Deutschland – sein Ziel, die „Verkündigung des katholischen Glaubens nach der Lehre der Kirche, entsprechend dem Katechismus der Katholischen Kirche (Weltkatechismus/KKK) von 1992" zu fördern.[87] Am

---

[86] http://www.vatican.va/holy_father/benedict_xvi/speeches/2005/october/documents/hf_ben_xvi_spe_20051016_polish-te-levision_ge.html (27.11.2005).

[87] Dessen „uneingeschränkte Anerkennung" muß einem Antrag auf Mitgliedschaft schriftlich beiliegen, vgl. Statuten des „Forum Deutscher Katholiken e.V.", in: imprimatur 2001 H. 5/6 sowie in: http://www.forum-deutscher-katholiken.de/ (21.06.2005). Kritisch *Peter Hertel*, Die neue „Initiative Kirche von oben" (Ikvo).

Samstag, den 11.06.2005 referierte dort zum Thema „Ökumene in Deutschland – Perspektiven des Aufbruchs" seine Exzellenz[88] Bischof Dr. Gerhard Ludwig Müller. Er ist der von der Vollversammlung der Deutschen Bischofskonferenz gewählte Vorsitzende ihrer Bischöflichen Ökumenekommission. Ihr obliegt die Beobachtung der gesamten Entwicklung der Ökumene und die Erarbeitung von Stellungnahmen für die Vollversammlung oder den Ständigen Rat.[89] Der Ökumenebischof zeigte sich in bezug auf die Ökumene mit der Orthodoxie optimistisch. Hier gebe es vor allem „Mentalitätsunterschiede". Durch die Reformation dagegen sei „eine ganz andere Kirche" entstanden. Zu diesen Gemeinschaften gebe es tatsächlich „eine gewaltige Kluft, die sich nicht so leicht schließen läßt". Wenn man die katholische Lehre richtig darstelle, dann müßte es möglich sein, von evangelischer Seite eine Brücke zur katholischen Kirche zu bauen. Dabei betonte er den Zusammenhang zwischen der Gemeinschaft mit Christus und der Gemeinschaft mit der Kirche.[90] Ökumenischer Mut auf der Höhe der Zeit.

Das Forum Deutscher Katholiken, in: http://www.phil.uni-sb.de/projekte/imprimatur/2001/imp010505.html (21.06.2005).

[88] Zum Ehrenrecht auf diese Anrede vgl. *Klaus Mörsdorf*, Lehrbuch des Kirchenrechts aufgrund des Codex Iuris Canonici, Bd. 1, München/Paderborn/Wien 1964[11], 422.

[89] Vgl. *Sekretariat der DBK* (Hg.), Statut der DBK vom 04.03.1998 (rekognosziert vom Apostolischen Stuhl am 10.06.1998), Kapitel V, bes. Art. 34.

[90] Vgl. *Dominik Wanner*, Bischof Gerhard Ludwig optimistisch für Ökumene mit den Kirchen des Ostens – Regensburger Bischof realistisch bezüglich Ökumene mit evangelischen Christen (pdr 12.6.2005), in: presse.medien@bistum-regensburg.de (20.06.2005) und http://www.kath.net/detail.php?id=10724 (23.06.2005). Bereits früher hat er die Konversion *John Henry Newmans* als vorbildhaft gewürdigt, vgl. *Gerhard Ludwig Müller*, „Denn der Erlöser hat sein Werk nicht halb getan". John Henry Newman und seine Entdeckung der einen Kirche Jesu Christi, in: Die Tagespost Forum, Dezember 2000, 1f: „Newman hatte mit guten Gründen die Theorie abgelehnt, wonach die anglikanische Kirche einen Mittelweg gehe zwischen Katholizismus und Protestantismus und daß man sich mit der Spaltung der Christenheit pragmatisch abfinden könne mit der Vorstellung, es handle sich um mehrere Zweige an dem einen Baum der Kirche. Man kann aber die Mehrzahl der existierenden Gemeinschaften nicht als Teilverwirklichung der einen Kirche Christi ausgeben, weil die Kirche Christi unteilbar ist und diese Unteilbarkeit, die sich in der sichtbaren Gestalt ihrer Einheit im Glauben, im sakramentalen Leben und der apostolischen Verfassung ausdrückt, unverfügbar zu Ihrem Wesen gehört. Das Ziel der ökumenischen Bewegung ist dem gemäß nicht eine von Menschen gemachte Fusion kirchlicher Teilverbände, sondern die Wiederherstellung der vollen Communio im Glauben

und der Bischöfe als Nachfolger der Apostel, wie sie seit Anfang an und kontinuierlich geschichtlich realisiert ist in der Kirche, die ‚vom Nachfolger Petri und von den Bischöfen der Gemeinschaft mit ihm geleitet werden‘ (*Dominus Iesus* 17). [...] Weil die sichtbare sakramentale Kirche und die unsichtbare Gemeinschaft der Glaubenden unlösbar zusammen gehören, mußte Newman die Frage stellen, welche unter den jetzt gegebenen empirischen christlichen Gemeinschaften zurecht den Anspruch auf die Identität des Glaubensbekenntnisses und die geschichtliche Kontinuität erheben kann. Er verstand seine Konversion nicht als einen Wechsel von einer Christlichen Konfession zu einer anderen. [...] Er ging den Schritt, weil er im Glauben und Gewissen die volle Identität der Kirche Christi mit der sichtbaren katholischen Kirche erkannte. Das war kein Affront gegen die anglikanische Kirche. Seine Konversion ist nicht für die einen Anlaß zu Trauer und für die anderen zu einem Triumphgefühl. Newman gehört der ganzen Christenheit! Er ist einer der eindrucksvollsten Zeugen für die sichtbare Einheit der Kirche, die Jesus selbst gewollt hat und die darum einen unverrückbaren Maßstab christlicher Identität bildet (Joh 17,22 ff).“

Georg Bier

Das Verhältnis zwischen Primat und Episkopat

Anknüpfungspunkt für einen ökumenischen Konsens über den Petrusdienst?

I. Einleitung

„Der Papst [...] ist zweifelsohne das größte Hindernis auf dem Weg der Ökumene.“ So lautet nicht etwa der Vorwurf eines Kritikers der katholischen Kirche. Es handelt sich um eine Einsicht, die Papst *Paul VI.* bereits 1967 in einer Ansprache vor dem Sekretariat zur Förderung der Einheit der Christen formulierte.[1] Auch Papst *Johannes Paul II.* sah im Petrusdienst und in dessen Ausübung eine ökumenische Herausforderung ersten Ranges. Wiederholt kennzeichnete er das „ökumenische Bemühen“ als „eine der pastoralen Prioritäten“ seines Pontifikats.[2] In der Enzyklika *Ut unum sint* aus dem Jahr 1995 äußerte er die Überzeugung, „diesbezüglich eine besondere Verantwortung zu haben“, vor allem wenn er „die ökumenische Sehnsucht der meisten christlichen Gemeinschaften feststelle“.[3] Um den ökumenischen Dialog voranzubringen, betrachtete er es als notwendig, eine neue „Form der Primatsausübung zu finden, die zwar keineswegs auf das wesentliche ihrer Sendung verzichtet, sich aber einer neuen Situation öffnet“.[4] Dies sei eine „ungeheure Aufga-

[1] *Papst Paul VI.*, Ansprache vor dem Sekretariat zur Förderung der Einheit der Christen, in: AAS 59 (1967), 493–498 (498) (meine Übersetzung des französischen Originals).

[2] *Papst Johannes Paul II.*, Ansprache an die Kardinäle und die Mitglieder der Römischen Kurie vom 28.06.1985, in: AAS 77 (1985), 1148–1159, n. 4. Diesen Gedanken greift der Papst wieder auf in seiner Enzyklika *Ut unum sint* vom 25.05.1995, in: AAS 87 (1995), 921–982, n. 99.

[3] *Papst Johannes Paul II.*, Enzyklika *Ut unum sint*, n. 95 (Anm. 2).

[4] Ebd.

be, die wir nicht zurückweisen können und die ich allein nicht zu Ende bringen kann".[5]

In einer Studie der *Bilateralen Arbeitsgruppe der Deutschen Bischofskonferenz und der Kirchenleitung der VELKD* aus dem Jahr 2000[6] wird von evangelischer Seite die Frage gestellt, „ob es nicht auch andere legitime Formen" des Petrusdienstes geben könne.[7] Die – in der Studie als „Prinzipien" qualifizierten – Dogmen des Jurisdiktionsprimats und der päpstlichen Unfehlbarkeit seien für lutherisches Verständnis nicht akzeptabel, solange sie nicht erheblich modifiziert würden.[8] Eine der von evangelischer Seite geforderten Modifikationen ist die *rechtlich verpflichtende* Einbindung des Jurisdiktionsprimats in die *Communio*-Struktur der Kirche.[9] Der Petrusdienst müsse Raum lassen für kollegiale und synodale Mitverantwortung, und er müsse die Eigenständigkeit der regionalen Teilkirchen achten.[10]

Ähnliche Anliegen werden von katholischer Seite formuliert. Das Nachdenken des Papstes über neue Formen der Primatsausübung bringe zum Ausdruck, daß sich die bestehenden Formen als ungeeignet erwiesen haben.[11] *Hermann-Josef Pottmeyer* entwirft das Modell eines von ihm so genannten „Communio-Primats". Danach kommt dem Petrusdienst lediglich die Funktion eines subsidiären Wächteramtes zu. Eine Kirche, die über ein solches verbindendes Zentrum verfüge, könne eine hohe Eigenverantwortung der Teilkirchen zulassen.[12] Das Handeln des Papstes allein ohne irgendeine Beteiligung der Einzelkirchen solle nur im Ausnahmefall einer unmittelbaren Gefahrensituation für die ganze Kirche in Betracht gezogen werden.[13] Auch *Peter*

---

[5] Ebd., n. 96.

[6] *Communio Sanctorum.* Die Kirche als Gemeinschaft der Heiligen, Paderborn/Frankfurt a.M. 2000.

[7] Vgl. ebd., n. 181.

[8] Vgl. ebd., n. 198.

[9] Vgl. ebd.

[10] Vgl. ebd., n. 194.

[11] So der emeritierte Erzbischof von San Francisco *John R. Quinn*, The Exercise of the Primacy and the Costly Call to Unity, in: *P. Zagano/T.W. Tilley* (Hg.), The Exercise of the Primacy: Continuing the Dialogue, New York 1998, 1–28 (3). Vgl. auch *ders.*, Die Reform des Papsttums (QD 188), Freiburg/Basel/Wien 2001.

[12] Vgl. *Hermann Josef Pottmeyer*, Die Rolle des Papsttums im Dritten Jahrtausend (QD 179), Freiburg/Basel/Wien 1999, 137.

[13] Vgl. ebd., 141.

Hünermann möchte das Eingreifen des Papstes in die Teilkirchen auf Ausnahmefälle beschränken.[14] Gegenüber einem päpstlichen Aufsichtsrecht sei die eigenständige Kompetenz der Diözesanbischöfe zu profilieren.[15]

Von evangelischer wie von katholischer Seite ist damit das Verhältnis zwischen Gesamtkirche und Teilkirche, näherhin das Verhältnis zwischen Papst und Diözesanbischöfen als wesentlicher Indikator des Primatsverständnisses gekennzeichnet. Nachfolgend sollen exemplarisch ausgewählte Aspekte dieses Beziehungsverhältnisses erörtert werden. Ergeben sich daraus Anknüpfungspunkte für einen ökumenischen Konsens über den Petrusdienst?

II. Bestellung von Diözesanbischöfen

Der Diözesanbischof steht einer Teilkirche vor und übt sein Hirtenamt über die ihm anvertrauten Gläubigen aus. Er ist sichtbares Prinzip und Fundament der Einheit seiner Teilkirche, so

---

[14] Vgl. *Peter Hünermann*, Amt und Evangelium. Die Gestalt des Petrusamtes am Ende des zweiten Jahrtausends, in: HerKorr 50 (1996), 298–302 (301–302). *Hünermann* sieht diese Lösung vorgebildet in einer Collectiv-Erklärung des deutschen Episkopats aus dem Jahr 1875 (abgedruckt in: AfkKR 33 [1875], 344–348). Nach *Hünermann* haben die deutschen Bischöfe die päpstlichen Funktionen im wesentlichen als „Aufsichtsrecht des Papstes über die Bischöfe" und als „Eingriffsrecht in die Diözesen bei außergewöhnlichen Umständen" verstanden, vgl. *Hünermann*, Amt, 300. Tatsächlich heißt es in der Collectiv-Erklärung jedoch, nach der Lehre des Ersten Vatikanischen Konzils sei „die kirchliche Jurisdictionsgewalt des Papstes eine [...] auf jede einzelne Diöcese und auf alle Gläubigen sich erstreckende oberste Amtsgewalt [...] und keineswegs eine blos aus einigen Reservatrechten bestehende Befugnis. [...] Nach dieser Lehre ist der Papst Bischof von Rom [...] Aber als Bischof von Rom ist er zugleich Papst [...] und seine päpstliche Gewalt lebt nicht etwa in bestimmten Ausnahmefällen erst auf, sondern sie hat immer und allezeit und überal Geltung und Kraft", vgl. AfkKR 33 (1875), 345. Die funktionale Spezifizierung der päpstlichen Kompetenzen, die *Hünermann* in der Collectiv-Erklärung erkennt, läßt sich durch den Wortlaut der Erklärung nicht belegen. Die deutschen Bischöfe stellen im Gegenteil ausdrücklich fest, der Papst könne seine kirchliche Höchstgewalt nicht bloß in bestimmten Ausnahmefällen wahrnehmen. *Hünermann*, Amt, 200–301, sieht die vermeintliche Position der deutschen Bischöfe in den nn. 92–95 der Enzyklika *Ut unum sint* (Anm. 2) wieder aufgegriffen.

[15] Vgl. *Hünermann*, Amt, 302 (Anm. 14).

wie der Papst sichtbares Prinzip und Fundament der Gesamtkirche ist.[16] Synodale Mitverantwortung der Teilkirche könnte zum Ausdruck kommen in ihrer Teilhabe an der Bestellung des Diözesanbischofs.

Nach universalkirchlichem Recht ist die Bischofsbestellung in der lateinischen Kirche weitgehend primatial bestimmt. Die Mitwirkung einzelner Bischöfe oder Bischofskonferenzen besteht darin, dem Apostolischen Stuhl in regelmäßigen Zeitabständen sowie bei der anstehenden Besetzung eines Bischofsstuhls Kandidatenvorschläge zu unterbreiten.[17] Ihre Würdigung steht im Ermessen des Papstes.[18] Bei der Auswahl des künftigen Amtsinhabers ist er nicht an sie gebunden. Er entscheidet frei über den neuen Amtsträger. Das Kollegium der Bischöfe wird durch eine souveräne päpstliche Entscheidung ergänzt.

Die in den zahlreichen Diözesen des deutschsprachigen Raums praktizierte *Wahl* eines Bischofs ist weltweit eine Ausnahme. Sie beruht auf konkordatären Vereinbarungen.[19] Quantitativ handelt es sich um eine zu vernachlässigende Sonderregelung.[20] Zudem hat der Papst in diesen Fällen meist die Möglich-

---

[16] Vgl. Vat II, LG 23; c. 369 CIC.

[17] Für eine detaillierte Erörterung der kodikarischen Bestimmungen des einschlägigen c. 377 vgl. *Georg Bier*, in: *Klaus Lüdicke* (Hg.), Münsterischer Kommentar zum Codex Iuris Canonici (im folgenden: MKCIC), Essen seit 1985 (Loseblattwerk; Stand: 39. Erg-Lfg. Juli 2005), 377, 8–28.

[18] Eine Ausnahme von dieser Regel gilt aufgrund von Art. 14 § 1 BayK für die bayerischen Diözesen und die Diözese Speyer: Hier ist der Papst bei der Bestellung eines Diözesanbischofs an Vorschlagslisten der bayerischen Bischöfe und Kathedralkapitel gebunden. Er darf nur jemanden bestellen, der auf wenigstens einer Liste vorgeschlagen wurde.

[19] Die Bischofswahl in den Diözesen des ehemals preußischen Territoriums ist geregelt durch Art. 6 PreußK, für die Bischofswahl in den (Erz-)Diözesen Freiburg, Mainz, Rottenburg-Stuttgart und Dresden-Meißen gilt Art. III BadK in Verbindung mit Art. 14 Abs. 1 RK. Das Bischofswahlrecht in der Erzdiözese Salzburg richtet sich nach Art. IV ÖK, vgl. zum Ganzen ausführlich *Bruno Primetshofer*, Die Ernennung von Bischöfen in Österreich, Deutschland und der Schweiz, in: ZKTh 118 (1996), 169–186. Die Regelungen für die Schweizer Diözesen Chur, Basel und St. Gallen und ihre staatskirchenrechtlichen Hintergründe sind umfassend dargestellt bei *Heinz Maritz*, Das Bischofswahlrecht in der Schweiz unter besonderer Berücksichtigung der Entwicklung im Bistum Basel nach der Reorganisation, St. Ottilien 1977; *ders.*, Erwägungen zum Churer „Bischofswahlrecht", in: *Winfried Aymans/A. Egler/J. Listl* (Hg.), Fides et Ius. FS G. May, Regensburg 1991, 491–505.

[20] Dies gilt auch für den singulären Fall der französischen Diözesen Metz und Strasbourg. Dort kommt dem französischen Staatspräsidenten ein *Präsentations-*

keit, die Dreierliste, aus denen der zukünftige Bischof gewählt wird, nach eigenem Ermessen zusammenzustellen.[21] Er könnte die Kandidatenliste „so gestalten, daß dem wahlberechtigten Kathedralkapitel die Wahl äußerst schwer fällt, d.h. wo von vornherein die Präferenz zugunsten eines bestimmten, dem Kathedralkapitel jedoch nicht genehmen Kandidaten deutlich zutage tritt".[22] Auf diese Weise ließe sich der Wahlausgang in einem vom Vorschlagsberechtigten gewünschten Sinn beeinflussen.

In Kanonistik und Theologie ist vielfach angeregt worden, Bischöfe, Priester und Laien stärker an der Bischofsbestellung zu beteiligen. Anknüpfungspunkte dafür werden gesehen in der historischen Entwicklung der Bischofsbestellung und in früheren Wahl- und Mitwirkungsrechten der Ortskirchen und ihrer Bischöfe.[23] Demgegenüber sei die geltende Rechtslage das Resultat einer neuzeitlichen Entwicklung.[24] Sie stehe im Widerspruch zur

---

recht zu. Ist der präsentierte Kandidat für das Bischofsamt kanonisch geeignet, ist der Papst an diese Vorgabe gebunden und muß den präsentierten Kandidaten ernennen. Für Einzelheiten vgl. *Jean-Louis Harouel*, Die Ernennung der Bischöfe und das Konkordatsrecht, in: Conc(D) 16 (1980), 504–507; *René Metz*, Le Président de la République Française dernier et unique chef d'État au monde qui nomme encore des évêques, in: Revue des Sciences Religieuses 60 (1986), 63–89.

21 Lediglich in den Schweizer Diözesen Basel und St. Gallen wählt das Kathedralkapitel nach geltenden staatskirchenrechtlichen Vorgaben ohne Bindung an vom Apostolischen Stuhl vorgelegte Listen, vgl. *Maritz*, Bischofswahlrecht (Anm. 19). Nach *Bruno Primetshofer*, Bischofsernennungen, in: *B. Körner/M.E. Aigner/G. Eichberger* (Hg.), Bischofsbestellung. Mitwirkung der Ortskirche? (Theologie im kulturellen Dialog 3), Graz 2000, 61–81 (67), sind allerdings „Trends festzustellen, die unverkennbar darauf hinauslaufen, die Eigenständigkeit des wahlberechtigten Kathedralkapitels zugunsten der päpstlichen Zentralgewalt einzuschränken". Näheres vgl. ebd., 67–68.

22 *Bruno Primetshofer*, Dezentralisierung wäre angebracht. Überlegungen zu den Bischofsbestellungen, in: HerKorr 50 (1996), 348–352 (349).

23 Vgl. die instruktiven historischen Überblicke bei *Hubert Müller*, Der Anteil der Laien an der Bischofswahl. Ein Beitrag zur Geschichte der Kanonistik von Gratian bis Gregor IX. (Kanonistische Studien und Texte 29), Amsterdam 1977, 9–22; *Richard Potz*, Bischofsernennungen. Stationen, die zum heutigen Zustand geführt haben, in: *G. Greshake* (Hg.), Zur Frage der Bischofsernennungen in der römisch-katholischen Kirche (Schriftenreihe der Katholischen Akademie der Erzdiözese Freiburg), München/Zürich 1991, 17–50; *Peter Landau*, Der Papst und die Besetzung der Bischofsstühle, in: ZevKR 37 (1992), 241–254.

24 Nach *Landau*, Papst, 241 (Anm. 23), galt „das freie Ernennungsrecht des Papstes, das so selbstverständlich in den beiden Gesetzbüchern des 20. Jahrhunderts vorausgesetzt wird, [...] noch gegen Ende des 19. Jahrhunderts keineswegs als Grundsatz des ius commune der Kirche".

Mitverantwortung aller Gläubigen für die Aufgaben der Kirche, wie sie sich aus der Lehre des Zweiten Vatikanischen Konzils sowie aus der *communio*-Struktur der Kirche ergebe.[25]

Der Gesetzgeber hat diese Anliegen bei der Revision des kirchlichen Gesetzbuches nicht aufgegriffen. Mit Bedacht hat er am Recht der freien Bischofsbestellung des Papstes als dem Regelfall festgehalten. Teilkirchlichen Initiativen, die auf eine Ausweitung des Konsultationsverfahrens abzielten, hat der Apostolische Stuhl unter Hinweis auf die geltende Rechtslage eine deutliche Absage erteilt.[26]

Gleichwohl muß ein abweichendes Verfahren der Bischofsbestellung kein Hindernis für die Ökumene sein. Dies zeigt die vom Apostolischen Stuhl respektierte Praxis der katholischen Ostkirchen. Dort wird ein neuer Bischof in der Regel von den

---

[25] *Primetshofer*, Bischofsernennungen, 76 (Anm. 21), spricht von einer „längst fälligen Reform des Bischofsbestellungsrechts". Vgl. auch *Müller*, Anteil, 238–241 (Anm. 23). *Matthäus Kaiser*, Dem Bischofsamt angemessen? Kritik der gegenwärtigen und Option für eine angemessene Bestellungspraxis, in: *A.P. Kustermann/R. Puza* (Hg.), Eine Kirche – Ein Recht? Kirchenrechtliche Konflikte zwischen Rom und den deutschen Ortskirchen (Hohenheimer Protokolle 34), Stuttgart 1990, 73–100 (73), macht allerdings darauf aufmerksam, das Konzil habe hinsichtlich der Bischofsbestellungen lediglich die Reduzierung des Einflusses staatlicher Stellen angemahnt. Hingegen habe es sich nicht zu der Frage geäußert, ob und inwieweit eine Beteiligung des Gottesvolkes erwünscht oder erforderlich sei.

[26] Solche Initiativen hat es Presseberichten zufolge in Österreich gegeben. Nach *Stephan Baier*, Bischofsbestellung bleibt Chef-Sache, in: Die Tagespost vom 18.04.2000, 4, hatte der inzwischen emeritierte Diözesanbischof von Graz-Seckau, *Johann Weber*, 1993 und 1996 die Mitglieder verschiedener diözesaner Mitwirkungsorgane aufgefordert, ihm schriftlich und geheim für den Bischofsstand geeignete Kleriker zu benennen. Diese Vorgehensweise habe der Apostolische Stuhl in einer durch den Apostolischen Nuntius übermittelten Note „für rechtswidrig erklärt und um Widerrufung gebeten". Demselben Bericht zufolge hat der Apostolische Stuhl auch eine ähnliche Initiative der Österreichischen Bischofskonferenz zurückgewiesen, in deren Rahmen Vorschläge „zu einer stärkeren Einbindung der Ortskirche in Bischofsernennungen" erarbeitet worden waren. Die österreichischen Bischöfe vertraten die Auffassung, es sei Sache des einzelnen Bischofs, wie er die Namen eruiere, die er nach c. 377 § 2 regelmäßig an den Apostolischen Stuhl zu übermitteln habe. Das freie Ernennungsrecht des Papstes werde dadurch nicht tangiert. Der damalige Präfekt der Kongregation für die Bischöfe, Kardinal *Lucas Moreira Neves*, habe den österreichischen Bischöfen im April 2000 in einem vertraulichen Schreiben die Rechtsauffassung des Apostolischen Stuhls dargelegt. Danach hätten die Diözesanbischöfe kein Recht, Verfahren einzurichten, „die der Sammlung von Kandidaten für das Bischofsamt dienen". Vielmehr komme auch die Erstellung von Verfahren für die Benennung von Kandidaten ausschließlich dem Papst zu.

Mitgliedern der Bischofssynode gewählt und vom Papst lediglich bestätigt.[27] Es ist nicht ausgeschlossen, daß in gleicher Weise auch gegenüber anderen Kirchen und kirchlichen Gemeinschaften verfahren werden könnte.

III. Diözesanbischöfliche Leitungsgewalt

Die Leitungsgewalt des Diözesanbischofs erscheint auf den ersten Blick als umfassende Gewalt konzipiert zu sein. Die einschlägige kodikarische Bestimmung des c. 381 § 1 beginnt mit der Aussage, dem Diözesanbischof komme die ganze Gewalt zu, die zur Ausübung seines Hirtendienstes erforderlich ist. Es folgt jedoch sogleich eine Einschränkung: Ausgenommen von der diözesanbischöflichen Gewalt ist alles, was von Rechts wegen oder aufgrund eines päpstlichen Dekrets einer anderen Autorität vorbehalten ist. Der Umfang der bischöflichen Gewalt ist mithin das Ergebnis einer Subtraktion: Er ergibt sich aus der Menge aller für die Diözesanleitung in Betracht kommenden Kompetenzen, vermindert um jene, die anderen Autoritäten vorbehalten werden.[28]

Vorbehalte können sich nach c. 318 § 1 von Rechts wegen oder aufgrund eines päpstlichen Dekrets ergeben.[29] In beiden Fällen gehen sie auf den universalkirchlichen Gesetzgeber zurück. Mithin bestimmt der Papst, welches Maß an Leitungsgewalt dem Diözesanbischof zukommt.

Päpstliche Vorbehaltsrechte sind nicht nur theoretisch bedeutsam. Sie werden in der Praxis zur Geltung gebracht. Von der

---

[27] Einschlägig sind cc. 181–189 CCEO; vgl. *Potz*, Bischofsernennungen, 45–48 (Anm. 23); *Hans Paarhammer*, Bischofsbestellung im CCEO. Patriarchen- und Bischofswahl und andere Formen der Bischofsbestellung, in: AfkKR 160 (1991), 390–407; *Lorenzo Lorusso*, La designazione dei vescovi nel *Codex canonum ecclesiarum orientalium*, in: QD(E) 12 (1999), 46–57.

[28] Diese hier nur knapp skizzierte Konzeption der diözesanbischöflichen Leitungsgewalt ist ausführlich dargestellt und erörtert bei *Georg Bier*, Die Rechtsstellung des Diözesanbischofs nach dem Codex Iuris Canonici von 1983 (Fzk 32), Würzburg 2001, 140–260. Dort finden sich Belege und weiterführende Literaturhinweise.

[29] Vgl. ebd., 154–160.

Möglichkeit, die diözesanbischöfliche Gewalt *von Rechts* wegen einzuschränken, hat der Gesetzgeber vielfältigen Gebrauch gemacht.[30] Päpstliche *Ad-hoc-Interventionen* sind seltener, spielen aber ebenfalls eine bedeutsame Rolle. Ein Beispiel aus der Endphase des Pontifikats Papst Johannes Paul II. ist die päpstliche Intervention bezüglich der Schwangerschaftskonfliktberatung deutscher Bischöfe. Dabei ging es um die Frage, ob Beratungseinrichtungen der katholischen Kirche im Rahmen des staatlichen Beratungssystems jene Bescheinigungen ausstellen dürfen, die nach dem bundesdeutschen Schwangerschaftskonfliktgesetz Voraussetzung für eine straffreie Abtreibung sind. Unbestritten fällt die Verantwortung für Durchführung und inhaltliche Gestaltung der Beratung in die Zuständigkeit des einzelnen Diözesanbischofs. Unbestritten ist auch, daß die deutschen Diözesanbischöfe in dieser Frage nicht leichtfertig gehandelt haben. Papst Johannes Paul II. hat ihr Vorgehen ausdrücklich gewürdigt.[31] Gleichwohl sah er sich zu einer Intervention veranlaßt. Er wünschte Übereinstimmung zwischen kirchlicher Lehre und kirchlichem Handeln[32] und hielt deshalb eine Änderung des *status quo* für geboten.[33] Seine Vorstellungen hat er schließlich auch gegenüber jenen Bischöfen durchgesetzt, die in dieser Frage eine andere Überzeugung vertraten.[34] Dem Diözesanbischof

---

[30] Vgl. ebd., 160–193.

[31] So z.B. in einem Schreiben an die Bischöfe in Deutschland vom 11.01.1998, in: AAS 90 (1998), 601–607, wo es unter anderem heißt, die DBK setze sich „seit Jahrzehnten in unmißverständlicher Weise ein, um die Botschaft von der unantastbaren Würde des menschlichen Lebens in Wort und Tat zu bezeugen" und habe sich mit dem „geltenden Abtreibungsgesetz nicht abgefunden, sondern freimütig und unerschrocken gegen die Abtreibung Stellung genommen" (n. 2). In einem Schreiben vom 03.06.1999, in: AAS 91 (1999), 1072–1075, erkennt er den „großen Einsatz" der Bischöfe bei der Suche nach einer glaubwürdigen Lösung an (n. 1).

[32] *Papst Johannes Paul II.*, Schreiben vom 11.01.1998, n. 5 (Anm. 31): Aus dem Auftrag der Kirche, das Leben zu schützen, folge, „daß die Botschaft und die Handlungsweise der Kirche in der Frage der Abtreibung in ihrem wesentlichen Gehalt in allen Ländern dieselben sein müssen".

[33] Ebd., n. 8: „Ich [...] fühle mich [...] um der Würde des Lebens willen gedrängt, die oben dargelegte Bitte [sc. Wege zu finden, keinen Beratungsschein mehr auszustellen] an Euch zu richten."

[34] Am 01.01.2001 traten die bischöflichen Richtlinien für katholische Schwangerschaftsberatungsstellen vom 26.09.2000 in Kraft (publiziert in den Amtsblättern der deutschen Diözesen, z.B. Abl. Freiburg [2000], 395–397). Die deutschen Bischöfe erklären in der Präambel der Richtlinien, sie hätten ihre Entscheidung „nicht

von Limburg, der aus Gewissensgründen der päpstlichen Weisung nicht folgte, entzog er die Zuständigkeit für den fraglichen Sachbereich. Die Gewalt zur Umsetzung seiner Anordnung übertrug er einem anderen Bischof.[35]

Die Einhaltung der rechtlichen Vorgaben und die Befolgung seiner Anordnungen kann der Papst durch ergänzende primatiale Maßnahmen absichern. So hat er beispielsweise die Möglichkeit, einen Apostolischen Visitator zu bestellen, der als päpstlicher Sonderbevollmächtigter weitgehende Rechte besitzt.[36] Diesem gegenüber hat der Diözesanbischof die Einzelheiten seiner Amtsführung offenzulegen.

Die Rechtmäßigkeit derartiger päpstlicher Interventionen ist unstrittig. Sie ermöglichen dem Papst ein wirkungsvolles Krisenmanagement. Strukturell führen solche Vorbehalts- und Eingriffsrechte im Ergebnis gleichwohl zu einer deutlichen Einschränkung der diözesanbischöflichen Leitungsgewalt und ihrer Wahrnehmung.

---

zuletzt auf Weisung von Papst Johannes Paul II." getroffen. Zuvor hatten einzelne deutsche Diözesanbischöfe erklärt, die päpstliche Weisung habe Vorrang vor ihrer abweichenden eigenen Überzeugung, vgl. dazu die Nachweise bei *Bier*, Rechtsstellung, 170 (Anm. 28). – Daß der Papst seine Weisung formal nicht als Dekret erlassen hat und insofern nicht den in c. 381 § 1 vorgesehenen Weg beschritten hat, ändert nichts an Rechtmäßigkeit und Verbindlichkeit seines Vorgehens. Das gesetzliche Erfordernis eines Dekrets dient der Rechtssicherheit. Hält der Papst Formerfordernisse ein, bedient er sich der Schriftform und gibt er eine wenigstens summarische Begründung ab, werden Zweifel an der Verbindlichkeit und der Verpflichtungskraft seiner Vorgaben und damit Unklarheiten auf Seiten der angesprochenen Diözesanbischöfe vermieden. Der Papst ist jedoch nicht gezwungen, nach c. 381 § 1 vorzugehen, wenn er die diözesanbischöfliche Gewalt im Einzelfall einzuschränken beabsichtigt. Zutreffend formuliert *Helmuth Pree*, Schwangerschaftskonfliktberatung – Kirchenrechtliche Gesichtspunkte, in: AfkKR 168 (1999), 134–139 (135): „Die rechtliche Verbindlichkeit eines päpstlichen Aktes [...] hängt nicht davon ab, welcher Äußerungsform (z.B. Gesetz) oder welcher stilistischen Gattung (z.B. Ansprache, Brief) sich der Papst bedient. Er ist als Träger der *potestas suprema* in der Kirche bei seinen Anordnungen nicht an eine bestimmte Form gebunden".

35 Vgl. *Papst Johannes Paul II.*, Schreiben an Bischof Franz Kamphaus vom 07.03.2002, in: Abl. Limburg 144 (2002), 23–24.

36 So verfuhr *Papst Johannes Paul II.* mehrfach in US-amerikanischen Bistümern, vgl. *Patrick Granfield*, The Limits of Papacy. Authority and Autonomy in the Church, New York 1987, 28–29. Stärkere öffentliche Beachtung fand die Einsetzung eines Apostolischen Visitators für die österreichische Diözese Sankt Pölten im Sommer 2004, vgl. den Bericht in: HerKorr 58 (2004), 439–441.

Ein Blick auf die Einzelkompetenzen des Diözesanbischofs[37] bestätigt diesen Befund. Ihre Vielzahl spricht auf den ersten Blick für eine Gewaltenfülle. Bei näherer Betrachtung erweist sich der Kompetenzbereich des Diözesanbischofs dem Umfang und dem Inhalt nach als begrenzt.

Die *Gesetzgebungskompetenz* des Diözesanbischofs beschränkt sich in vielen Fällen auf den Erlaß praktischer Normen oder auf die inhaltliche Füllung vorgegebener Rahmenbestimmungen. Häufig wird ausdrücklich verwiesen auf zu beachtende Vorschriften der höchsten Autorität. Generell ist die Gesetzgebungskompetenz hierarchisch gestuft. Der Bischof ist verpflichtet, höherrangiges Recht zu beachten. Dies ist nach katholischem Verständnis sachgerecht, weil Angelegenheiten, die für die Einheit der gesamtkirchlichen Disziplin relevant sind, vom universalkirchlichen Gesetzgeber zu regeln sind. Was für die Einheit der Gesamtkirche nicht unbedingt erforderlich ist, könnte hingegen der bischöflichen Gesetzgebung überlassen werden. Im CIC gibt es jedoch keinen Sachbereich von Bedeutung, in dem der Gesetzgeber auf einen Vorbehalt zugunsten der universalkirchlichen Gesetzgebung verzichtet hat. In zahlreichen Regelungsbereichen behält er sich Einzelentscheidungen und Normierungen ausdrücklich vor. Lediglich in Einzelfällen bedürfen die Vorgaben des Gesetzgebers einer Ergänzung durch partikularkirchliche Rechtsetzung.

In bezug auf die *richterliche Gewalt* nennt das Gesetzbuch nur wenige diözesanbischöfliche Kompetenzen. Sie werden zusätzlich dadurch relativiert, daß der Diözesanbischof als Richter beinahe ausschließlich in Ehenichtigkeitsverfahren angegangen wird.[38] In den meisten anderen praktisch relevanten Materien greifen Vorbehalte des Apostolischen Stuhls.[39]

In qualitativer Hinsicht ist die Gewalt des Diözesanbischofs in allen Angelegenheiten eingeschränkt, deren Bedeutung über seine eigene Diözese hinausgeht. Eine Materie von herausgeho-

---

[37] Dazu ausführlicher *Bier*, Rechtsstellung, 193–260 (Anm. 28).

[38] Vgl. *Günter Assenmacher*, Die Eheverfahren, in: HdbKathKR^2, 1187–1208 (1187).

[39] Z.B. in Bezug auf Weihenichtigkeitsverfahren, Verfahren zur gnadenweisen Entlassung aus dem klerikalen Stand oder Verfahren zur Dispens von der gültigen, aber nicht-vollzogenen Ehe.

bener Bedeutung ist zunächst durch den Papst oder den Apostolischen Stuhl zu ordnen. Sofern regionale Anpassungen möglich oder erforderlich sind, fallen sie im Interesse einer regional einheitlichen Umsetzung in die Zuständigkeit der Bischofskonferenz. Was danach übrig bleibt, ist Sache des Diözesanbischofs.[40] Auch wenn diese Dreistufigkeit nicht in allen Zuständigkeitsbereichen gleichermaßen ausgeprägt ist, bleibt der skizzierte Trend in allen Fällen erkennbar. Wichtiges fällt in die Zuständigkeit des Apostolischen Stuhls und ist dem Zugriff des Diözesanbischofs entzogen.

Die Domäne des Diözesanbischofs ist die Ausübung der *ausführenden Gewalt* hinsichtlich diözesaninterner Angelegenheiten. Nur in diesem Teilbereich verfügt er über relative Eigenständigkeit.[41] Hier besitzt er einen Gestaltungs- und Ermessensspielraum, hier soll er seine Befugnisse einsetzen, um die eigene Teilkirche so zu organisieren, daß die Einheit mit der Gesamtkirche gewahrt und die gemeinsame Ordnung gefördert wird. Der Schwerpunkt der diözesanbischöflichen Zuständigkeit liegt damit in einem Bereich, der vorrangig als Betätigungsfeld stellvertretender Gewalt anzusehen ist. Inhalt und Qualität seiner Kompetenzen weisen ihn in rechtlicher Sicht als Sachwalter des Paps-

---

[40] Dies wird exemplarisch deutlich anhand der Bestimmung des c. 838 über die Gesetzgebung im Bereich des Heiligungsdienstes. Die Ordnung der universalkirchlichen Liturgie, die Herausgabe der liturgischen Bücher, die *recognitio* ihrer Übersetzungen und die Aufsicht über die Einhaltung der liturgischen Ordnung obliegen dem Apostolischen Stuhl (c. 838 § 2). Für die Übersetzung der liturgischen Bücher in die Landessprache und für Anpassungen der Liturgie an die Verhältnisse des Konferenzgebiets ist die Bischofskonferenz zuständig (c. 838 § 3). Nur soweit darüber hinaus noch Regelungsbedarf besteht, ist dafür der Diözesanbischof zuständig.

[41] Gleichwohl erweist sich die Kompetenz des Diözesanbischofs auch in diesem Bereich als eingeschränkt. Beispielsweise ist der Diözesanbischof von Rechts wegen verpflichtet, seine Hilfsbischöfe zu General- bzw. Bischofsvikaren zu ernennen (c. 406 §§ 1 und 2). Darüber hinaus ist es in der Vergangenheit auch in nachrangigen Einzelfragen zu Interventionen des Apostolischen Stuhls gekommen. So forderte nach einer im Jahr 2001 von Catholic World News verbreiteten Meldung (zugänglich über: http://www.cwnews.com/news/viewrec.cfm?RefNum=15652; eingesehen: 01.03.2006) die Kongregation für den Gottesdienst und die Sakramentendisziplin den Erzbischof von Milwaukee/USA auf, Renovierungsarbeiten an der dortigen Kathedralkirche vorerst zu stoppen. Zuvor waren „local groups“ beim Apostolischen Stuhl vorstellig geworden und hatten bemängelt, die geplanten Umbauten entsprächen nicht den einschlägigen kanonischen und liturgischen Vorschriften.

tes in der zugewiesenen Diözese aus. Das kirchliche Gesetzbuch unterstreicht auf diese Weise die rechtliche Abhängigkeit des Diözesanbischofs vom Papst.

IV. Mitsorge der Bischöfe für die Gesamtkirche

Nach c. 334 sollen die Bischöfe dem Papst bei der Ausübung seines universalkirchlichen Leitungsamtes helfend zur Seite stehen. Diese Aufgabe nehmen sie wahr in den gesamtkirchlichen Verfassungsorganen, derer sich der Papst bei der Leitung der Gesamtkirche bedienen kann.

Die *Römische Kurie* steht dem Papst als ständige Einrichtung bei der Ausübung seines obersten Hirtenamtes zur Verfügung. Sie handelt nach c. 360 im Namen des Papstes und in seiner Autorität. Sie ist Instrument zur Ausübung von dessen primatialer Höchstgewalt. Zwar sind die Mitglieder der kurialen Behörden überwiegend – vom Papst ausgewählte – Bischöfe.[42] Doch ist zum einen nur ein geringer Prozentsatz des Gesamtepiskopats in der römischen Kurie vertreten, zum anderen ist der konkrete Einfluß einzelner Bischöfe auf die kuriale Arbeit eher gering zu veranschlagen. Über routinemäßige Angelegenheiten entscheiden nicht die Mitglieder eines Dikasteriums, sondern dessen bischöflicher Leiter zusammen mit ranghohen kurialen Beamten, die nicht Mitglieder des Dikasteriums im strikten Sinn sind und mehrheitlich nicht dem Bischofsstand angehören. Der Kreis dieser Mitarbeiter entscheidet auch darüber, ob eine bestimmte Sachfrage den (bischöflichen) Mitgliedern des Dikasteriums zur weiteren Beratung unterbreitet wird. In der Praxis wird ein Großteil der kurialen Arbeit auf diese Weise abgewickelt. Insbesondere die Diözesanbischöfe unter den Dikasteriumsmitgliedern haben wenig Gelegenheit, die kuriale Arbeit zu beeinflussen oder gar zu prägen.

---

[42] Die geltende Ordnung der Römischen Kurie ist normiert durch *Papst Johannes Paul II.*, Apostolische Konstitution *Pastor Bonus* (PastBon) vom 28.06.1988, in: AAS 80 (1988), 841–934 und 87 (1995), 588. Zur Mitgliedschaft in kurialen Dikasterien vgl. Art. 3 § 3 PastBon. Nicht-Bischöfe können je nach Art des Dikasteriums ausnahmsweise Mitglieder sein, vgl. Art. 7 PastBon.

Das *Kardinalskollegium* besteht aus vom Papst frei gewählten und zu Kardinälen erhobenen Bischöfen und Priestern.[43] Die Zahl der Kardinäle ist begrenzt,[44] so daß nur ein Bruchteil der Bischöfe Aufnahme in das Kardinalskollegium finden kann. Die Kardinäle versammeln sich nur auf Initiative und Einladung des Papstes. Ihr Rat mag ein hohes moralisches Gewicht haben. Rechtlich daran gebunden ist der Papst nicht. Er bestimmt, ob, wann und in welchen Angelegenheiten er sich von den Kardinälen beraten läßt. Papst *Johannes Paul II.* erklärte zu Beginn seines Pontifikats, er werde das Kardinalskollegium wieder stärker zu Rate ziehen als seine Vorgänger.[45] Sechsmal während seiner Amtszeit, also etwa alle vier Jahre, hat er sämtliche Kardinäle zu einer Beratung einberufen.[46] Das spricht nicht für großen Beratungsbedarf.[47] Der Einfluß des Kardinalskollegiums ist vor diesem Hintergrund als nicht sehr groß einzuschätzen.[48]

---

[43] Zu Kardinälen erhobene Priester haben nach c. 351 § 1 die Bischofsweihe zu empfangen. In Einzelfällen wird jedoch von dieser Verpflichtung dispensiert, namentlich bei Theologen, die durch die Kardinalserhebung für ihr Lebenswerk geehrt werden sollen, vgl. *Oskar Stoffel*, in: MKCIC 351, 2 (Anm. 17).

[44] Die Höchstzahl der Kardinäle, die zur Papstwahl – nach c. 349 eine der wichtigsten Aufgaben des Kardinalskollegiums – berechtigt sind, wird von der geltenden Papstwahlordnung auf 120 beschränkt, vgl. *Papst Johannes Paul II.*, Apostolische Konstitution *Universi Dominici Gregis* vom 22.2.1996, in: AAS 88 (1996), 305–343, n. 33. Diese Höchstzahl wird nach derzeitigem Stand mit der für den 24.03.2006 vorgesehenen Kreierung von 15 neuen Kardinälen genau erreicht werden. Wahlberechtigt sind diejenigen Kardinäle, die am Tag vor dem Eintritt der Sedisvakanz das achtzigste Lebensjahr noch nicht vollendet haben, vgl. ebd., n. 33. Für die Zahl der nicht wahlberechtigten Kardinäle gibt es eine gesetzliche Obergrenze nicht. Am 24.03.2006 wird sie – falls keine Todesfälle eintreten – bei 73 liegen.

[45] Nach *Thomas J. Reese*, Im Inneren des Vatikan. Politik und Organisation der katholischen Kirche, Frankfurt 2000, 97, hat *Papst Johannes Paul II.* sofort nach seiner Wahl die Kardinäle im Konklave wissen lassen, daß er sie regelmäßig konsultieren werde. Vgl. auch *Papst Johannes Paul II.*, Ansprache an die Kardinäle vor dem außerordentlichen Konsistorium vom 05.11.1979, in: AAS 71 (1979), 1447–1457, n. 2.

[46] Dafür wählte er jeweils die Form des außerordentlichen Konsistoriums gemäß c. 353 § 3. Zu Themen und Terminen der ersten fünf Konsistorien vgl. *Reese*, Vatikan, 99 (Anm. 45), mit weiteren Hinweisen. Zum sechsten Konsistorium im Mai 2001 vgl. *Ulrich Ruh*, Kardinäle: Treffen ohne Überraschungen, in: HerKorr 55 (2001), 331–333. – Nicht mitgezählt sind hier die ordentlichen Konsistorien aus Anlaß von Kardinalserhebungen, die nicht der päpstlichen Beratung dienen, vgl. c. 353 § 4.

[47] Ob die niedrige Frequenz der Konsistorien durch eine besondere Intensität der Beratungen aufgewogen wird, erscheint aufgrund der vorliegenden Informationen

Die *Bischofssynode* ist eine Versammlung von Bischöfen, die aus den verschiedenen Teilen der Weltkirche ausgewählt werden, um den Papst zu beraten. Auch sie ist nicht das synodale Mitwirkungsgremium geworden, das sich die Konzilsväter wünschten, als sie die Einrichtung dieses Organs anregten.[49] Ob, wann und wie oft die Bischofssynode zusammenkommt, und welche Themen sie berät, entscheidet allein der Papst. Die Beratungsergebnisse verpflichten ihn nicht. Er allein entscheidet, ob und wie er die Beratungsergebnisse umsetzt. Von der rechtlichen Möglichkeit, der Synode in einzelnen Fällen Entscheidungsgewalt zu übertragen (c. 343), hat Papst Johannes Paul II. keinen Gebrauch gemacht. Die Möglichkeit der Synodalen, an der Leitung der Gesamtkirche mitzuwirken, wird durch die rechtliche Struktur der Synode deutlich relativiert.[50]

---

fraglich. Nach *Reese*, Vatikan, 102 (Anm. 45) stand die Kurienreform dreimal auf der Tagesordnung der Konsistorien. Der Papst sei dadurch aber nur zu geringfügigen Änderungen in seiner apostolischen Konstitution *Pastor Bonus* veranlaßt worden. Die Vorbereitung des Heiligen Jahres 2000 war bereits 1994 – und danach nicht mehr – Thema eines Konsistoriums. Die konkreten Einzelfragen, die sich in den verbleibenden sechs Jahren zwangsläufig ergeben haben müssen, sind ohne die Beteiligung des Kardinalskollegiums entschieden worden. Vgl. auch *Reese*, Vatikan, 103: „Bei diesen Debatten [zum Heiligen Jahr 2000 und zu anderen Themen] hatten der Papst und die Kurienkardinäle offenbar deutlich die Führung übernommen und das Konsistorium weniger als Ratgeber denn als Forum benützt, um diese Fragen in die Öffentlichkeit zu bringen und die Diözesankardinäle zu Aktionen auf lokaler Ebene zu ermuntern."

[48] Weitergehende Befugnisse hat das Kardinalskollegium *sede vacante*. In dieser Phase ist es zuständig für die Regelung der alltäglichen und unaufschiebbaren Angelegenheiten, vor allem aber für die Wahl eines neuen Papstes, vgl. dazu *Papst Johannes Paul II.*, Apostolische Konstitution *Universi Dominici Gregis*, nn. 33–92 (Anm. 44).

[49] Vgl. *Richard Puza*, 30 Jahre Bischofssynode. Erfahrungen und Perspektiven, in: *Heinrich J.F. Reinhardt* (Hg.), Theologia et Ius Canonicum. FS H. Heinemann, Essen 1995, 291–303 (291–293).

[50] Darüber hinaus wird die praktizierte Verfahrensordnung der Synodenberatung als ineffektiv erfahren, vgl. dazu die ausführliche Darstellung bei *Reese*, Vatikan, 70–91 (Anm. 45) sowie *Puza*, Bischofssynode, 300–301 (Anm. 49).

V. Bischöfliche Kollegialität

Mit den dogmatischen Definitionen des Jurisdiktionsprimats und der päpstlichen Unfehlbarkeit hatte das Erste Vatikanische Konzil die Kirche ausschließlich von ihrer hierarchischen Spitze her definiert.[51] Es gehörte deshalb zu den Zielsetzungen des Zweiten Vatikanischen Konzils, die Primatslehre des Ersten Vatikanums durch eine entsprechende Lehre vom Episkopat zu ergänzen.[52] In diesem Zusammenhang sollten Wesen und Bedeutung der bischöflichen „Kollegialität" herausgestellt werden.[53] Indes hat sich die konziliare Lehre von der bischöflichen Kollegialität, wie sie insbesondere in LG 22 und 23 entfaltet wird,[54] in nachkonziliarer Zeit nicht als Gegengewicht zu einer von manchen als einseitig empfundenen Betonung des päpstlichen Primats erwiesen.[55]

Bischöfliche Kollegialität im strikten Sinn ist nach dem Verständnis des Gesetzgebers nur im *Bischofskollegium* verwirklicht, nicht aber in anderen Mitwirkungsorganen mit bischöflicher Beteiligung. Damit ist die Rechtsstellung dieser Organe relativiert und als nachrangig ausgewiesen. Insbesondere die Bischofssynode ist nicht Ausdruck bischöflicher Kollegialität.[56] Eine in diesem Sinne verstehbare Kennzeichnung der Synode als

---

[51] Vgl. *Lukas Vischer*, Die Rezeption der Debatte über die Kollegialität, in: *H.J. Pottmeyer/G. Alberigo/J.-P. Jossua* (Hg.), Die Rezeption des Zweiten Vatikanischen Konzils, Düsseldorf 1986, 293–312 (294).

[52] Vgl. *Joseph Ratzinger*, Die bischöfliche Kollegialität nach der Lehre des Zweiten Vatikanischen Konzils, in: *ders.*, Das neue Volk Gottes. Entwürfe zur Ekklesiologie, Düsseldorf ^{2}1970, 171–200 (171).

[53] Vgl. *Vischer*, Rezeption, 295 (Anm. 51): „Eine Kirche, die Kollegialität ernstnimmt, muß sich in jeder Hinsicht als gemeinschaftlicher erweisen".

[54] Die Ausführungen in Lumen Gentium (LG) 22–23 werden bereits durch die nicht zum Konzilstext gehörende, bei der Auslegung des dritten Kapitels von LG jedoch verbindlich zu beachtende *Nota Explicativa Praevia* erheblich modifiziert, vgl. dazu ausführlich *Bier*, Rechtsstellung, 341–345 (Anm. 28).

[55] Vgl. *James H. Provost/Knut Walf*, Kollegialität auf dem Prüfstand, in: Conc(D) 26 (1990), 262–264 (262).

[56] Die Bischofssynode wurde errichtet durch *Papst Paul VI.*, Motu Proprio *Apostolica Sollicitudo* vom 15.09.1965, in: AAS 57 (1965), 775–780. Dort fehlt jeder ausdrückliche Hinweis auf die bischöfliche Kollegialität. Nach *Josef Tomko*, Die Kollegialität und die Bischofssynode, in: ÖAKR 33 (1982), 69–80 (76), ist er bewußt vermieden worden.

Repräsentation des gesamten katholischen Episkopats ist nicht in den CIC übernommen worden.[57]

Die bischöfliche Kollegialität ist mithin eng geführt auf das Bischofskollegium. Es besteht aus sämtlichen Bischöfen, die in hierarchischer Gemeinschaft mit dem Papst und den übrigen Bischöfen stehen, zusammen mit dem Papst als dem Haupt des Kollegiums.[58] Ohne sein Haupt existiert das Kollegium nicht. Als Kollegium handelt es nur zusammen mit dem Papst und nur als Ganzes. Durch eine Auswahl von Bischöfen – dies machen die vorstehenden Überlegungen deutlich – wird das Kollegium nicht repräsentiert.

Das Bischofskollegium ist nach c. 336 zwar Träger höchster und voller kirchlicher Gewalt, es übt seine kollegiale Höchstgewalt jedoch nur ausnahmsweise aus. Es tritt lediglich bei Ökumenischen Konzilien zusammen, also höchst selten und ausschließlich auf Initiative des Papstes. Darüber hinaus kann es seine kollegiale Gewalt durch eine vereinte Handlung der über die Erde verstreuten Bischöfe ausüben. Doch auch diese Form kollegialen Handelns ist abhängig von der Initiative oder wenigstens der nachträglichen Zustimmung des Papstes (c. 337 § 2). Unter Johannes Paul II. hat sie keine Rolle gespielt.

Bischöfliche Kollegialität ist darüber hinaus nicht als Zusammenwirken von Gleichberechtigten realisiert, sondern im System einer hierarchischen Überordnung des Hauptes über die Glieder. Eine Entscheidung kann kollegial sein, auch wenn einige der Glieder des Kollegiums ihr nicht beitreten können. Tritt ihr je-

---

[57] Nach *Papst Paul VI.*, Motu Proprio *Apostolica Sollicitudo* I b (Anm. 56), ist die Synode so zu errichten, daß sie „partes agens totius catholici Episcopatus" ist. Der Vorschlag, diese Formulierung in das kirchliche Gesetzbuch einzufügen, wurde zurückgewiesen. Es wurde geltend gemacht, eine solche Formulierung könne so verstanden werden, als setze die Bischofssynode in Vertretung des Bischofskollegiums kollegiale Akte, vgl. Communicationes 14 (1982), 92. – Nach *Tomko*, Kollegialität, 76–77, Fußnoten 23 und 24 (Anm. 56), hat *Papst Johannes Paul II.* bereits als Erzbischof von Krakau die Auffassung vertreten, in der Bischofssynode sei die volle Verwirklichung der Kollegialität nicht zu finden. Der Erzbischof von Krakau erkenne aber verschiedene Grade der Kollegialität an, wie auch in seinen Aussagen als Papst über die Bischofssynode deutlich werde, vgl. ebd. 72–73 mit Nachweisen.

[58] Der Gesetzgeber legt großen Wert auf die Betonung der Stellung des Papstes als Haupt. Allein in c. 336 ist sie viermal genannt. Es soll der Eindruck vermieden werden, als sei das Bischofskollegium ein Kreis von Gleichrangigen.

doch der Papst als Haupt des Kollegiums nicht bei, kann es sich keinesfalls um einen kollegialen Akt handeln.

Im Ergebnis gibt es eine Beteiligung des einzelnen Bischofs an der Ausübung gesamtkirchlicher Leitungsgewalt nur in hierarchischer Unterordnung unter den Papst und nur in jenen seltenen Fällen, in denen der Papst einen kollegialen Akt des Bischofskollegiums initiiert.

Wie Papst Johannes Paul II. den Kollegialitätsbegriff interpretierte, kann deutlich werden anhand der Entstehung des geltenden kirchlichen Gesetzbuchs.[59] In einer ersten Arbeitsphase wurden von verschiedenen Studiengruppen einer päpstlichen Codexkommission Textentwürfe erarbeitet und an die Bischofskonferenzen übersandt. Die Änderungsvorschläge der Bischöfe wurden teils verworfen, teils eingearbeitet; die Ergebnisse dieser Arbeit wurden 1980 in einem Gesamtentwurf zusammengefaßt. Eine Vorlage dieses Entwurfs an die einzelnen Bischofskonferenzen fand nicht statt. Wünsche von Bischöfen und Kanonisten, nochmals eine Konsultation aller Bischöfe durchzuführen, wies der Papst zurück. Er erweiterte lediglich die Codexkommission um einige Bischöfe. Die Kommissionsmitglieder hatten die Möglichkeit, sich schriftlich zum Entwurf zu äußern. Eine Zusammenstellung aller Eingaben nebst den Antworten des Kommissionssekretariats wurde an die Kommissionsmitglieder versandt. Auf dieser Grundlage fanden im Oktober 1981 weitere Beratungen statt. Die anschließende Textüberarbeitung lag beim Vorsitzenden und dem Sekretariat der Kommission. Die daraus hervorgegangene vorläufige Endfassung wurde im April 1982 dem Papst übergeben. Erneute Bitten um eine nochmalige Konsultation aller Bischöfe und um einen Aufschub der Gesetzesverkündigung berücksichtigte der Papst nicht. Er überarbeitete den Entwurf zunächst mit einer Gruppe von sieben Kanonisten, dann mit einer Gruppe von vier Bischöfen bzw. Kardinälen. In

---

[59] Vgl. zum Folgenden die eingehende Darstellung der Redaktionsarbeit in der *Praefatio* zum Codex Iuris Canonici, in: AAS 75 (1983), Pars II, XVII–XXX, sowie ergänzend *Norbert Lüdecke*, Der Codex Iuris Canonici von 1983: „Krönung" des II. Vatikanischen Konzils?, in: *H. Wolf/C. Arnold* (Hg.), Die deutschsprachigen Länder und das II. Vatikanum (Programm und Wirkungsgeschichte des II. Vatikanums 4), Paderborn u.a. 2000, 209–237 (234–236), mit weiteren Literaturhinweisen.

dieser letzten Phase wurden zahlreiche Bestimmungen geändert, gestrichen oder neu aufgenommen.

Gleichwohl ist das Gesetzbuch nach dem Verständnis von Papst Johannes Paul II. anzusehen als „Frucht kollegialer Zusammenarbeit, die aus dem Zusammenwirken von fachkundigen Menschen und Einrichtungen aus der ganzen Kirche entstanden ist". Es spiegele „die kollegiale Sorge aller unserer Brüder im Bischofsamt" wider.[60] Dieses Merkmal der Kollegialität entspreche der Lehre und dem Charakter des II. Vatikanischen Konzils, weshalb das Gesetzbuch nicht nur aufgrund seines Inhalts, sondern auch schon hinsichtlich seiner Entstehung den Geist dieses Konzils in sich trage.[61]

VI. Lehrrechtliche Kompetenzen der Bischöfe

Auch in lehrrechtlicher Hinsicht sind die Bischöfe dem Papst nachgeordnet. Nur der Papst und das Bischofskollegium zusammen mit dem Papst als seinem Haupt besitzen *Unfehlbarkeit im Lehramt*. Dem *Papst* kommt Unfehlbarkeit zu, wenn er als oberster Hirt und Lehrer aller Gläubigen, dessen Aufgabe es ist, seine Brüder im Glauben zu stärken, eine Glaubens- oder Sittenlehre definitiv als verpflichtend verkündet (c. 749 § 1 CIC). Sind diese Bedingungen erfüllt, wird seit dem Ersten Vatikanum auch von einer *ex-cathedra*-Entscheidung des Papstes gesprochen.[62]

Das *Bischofskollegium* besitzt in zwei Fällen Unfehlbarkeit im Lehramt (c. 749 § 2 CIC): Es kann sie in feierlicher Form auf einem Ökumenischen Konzil ausüben. Daneben besitzt es Unfehlbarkeit auch dann, wenn die über den Erdkreis verstreuten Bischöfe unter Wahrung der Gemeinschaft untereinander und

---

[60] *Johannes Paul II.*, Apostolische Konstitution zur Promulgation des CIC Sacrae Disciplinae Leges vom 25.01.1983, in: AAS 75 (1983), Pars II, VII–XIV (X).

[61] Vgl. ebd., VIII–IX.

[62] Zu Textgeschichte und Auslegung des c. 749 § 1 CIC vgl. *Norbert Lüdecke*, Die Grundnormen des katholischen Lehrrechts in den päpstlichen Gesetzbüchern und neueren Äußerungen in päpstlicher Autorität (Fzk 28), Würzburg 1997, 240–264; dort auch ein Überblick über die Genese des Unfehlbarkeitsdogmas auf dem Ersten Vatikanischen Konzil mit weiteren Nachweisen.

mit dem Papst, in Glaubens- oder Sittenfragen zusammen mit dem Papst zu ein und demselben, als definitiv verpflichtenden Urteil gelangen.[63] In beiden Fällen ist die Ausübung des unfehlbaren Lehramts vom Handeln des Papstes abhängig. Nur wenn er ein Konzil einberuft und dessen Beschlüsse genehmigt, bestätigt und promulgiert, nur wenn er dem einmütigen Urteil der übrigen Bischöfe beitritt, kommt dem Bischofskollegium Unfehlbarkeit im Lehramt zu.

Sind die Bischöfe hinsichtlich einer bestimmten Glaubens- oder Sittenlehre gemeinsam mit dem Papst zum gleichen als definitiv verpflichtenden Urteil gelangt, ist der Tatbestand des c. 749 § 2 objektiv zwar erfüllt. Dies muß aber nicht unbedingt auch offenkundig sein. Bei fehlender Offenkundigkeit wäre die fragliche Lehre nach c. 749 § 3 nicht als unfehlbar definiert anzusehen und verpflichtete die Gläubigen daher nicht zu einer entsprechenden Antworthaltung (c. 750 §§ 1–2). Gewißheit über das tatsächliche Vorliegen der unfehlbaren Lehre kann in diesem Fall zum Beispiel durch eine päpstliche Deklaration erlangt werden.[64] Papst Johannes Paul II. hat sich während seines Pontifikats mehrfach dieser Lehr-Technik bedient. So machte er im Apostolischen Schreiben *Ordinatio Sacerdotalis* auf diese Weise die Unfehlbarkeit der Lehre von der Unmöglichkeit der Priesterweihe für Frauen offenkundig.[65] Auf eine umfassende Befra-

---

[63] Vgl. ebd., 264–282.

[64] Die Kongregation für die Glaubenslehre hat dazu in einer Nota Doctrinalis zur Schlußformel der „Professio Fidei" vom 29.06.1998, in: AAS 90 (1998), 544–551, ausgeführt: Der Papst könne eine vom ordentlichen und universalen allgemeinen Lehramt der Bischöfe unfehlbar vorgelegte Lehre bestätigen oder bekräftigen, auch ohne eine feierliche Definition vorzunehmen, indem er ausdrücklich erklärt, daß sie zum Lehrgut des ordentlichen und allgemeinen Lehramtes gehört (n. 9). Vgl. auch *Norbert Lüdecke*, Also doch ein Dogma? Fragen zum Verbindlichkeitsanspruch der Lehre über die Unmöglichkeit der Priesterweihe für Frauen aus kanonistischer Perspektive. Eine Nachlese, in: *Wolfgang Bock/Wolfgang Lienemann* (Hg.), Frauenordination (Studien zu Kirchenrecht und Theologie 3), Heidelberg 2000, 41–119 (99–102).

[65] *Papst Johannes Paul II.*, Apostolisches Schreiben *Ordinatio Sacerdotalis* über die Männern vorzubehaltende Priesterweihe vom 22.05.1994, in: AAS 86 (1994), 545–548. Vgl. dazu *Lüdecke*, Dogma (Anm. 64). Weitere Beispiele für die Anwendung dieser Lehrtechnik: *Papst Johannes Paul II.*, Enzyklika *Evangelium Vitae* vom 30.03.1995, in AAS 87 (1995), 401–522, nn. 57, 62, 65; *ders.*, Rota-Ansprache vom 21.01.2000, in: AAS 92 (2000), 350–355. Zu *Evangelium Vitae* vgl. *Lüdecke*, Grundnormen, 518–533 (Anm. 62). Eine lehrrechtliche Analyse der Rota-Ansprache bietet

gung der Bischöfe hat er verzichtet. Demnach bestanden für ihn keine Zweifel an der vom Gesetzestext geforderten Lehrübereinstimmung. Einwände oder Widersprüche von Bischöfen sind nicht bekannt geworden. Im Gegenteil: Die Äußerungen des Papstes wurden von den Bischöfen übernommen und den Gläubigen zugänglich gemacht.[66] Dies spricht dafür, daß die Lehrübereinstimmung tatsächlich besteht.

Handeln die Bischöfe als einzelne und nicht in der Gemeinschaft des Bischofskollegiums, besitzen sie Unfehlbarkeit im Lehramt nicht. Sie sind Träger des nicht-unfehlbaren authentischen Lehramts. Dieses üben auch Papst oder Bischofskollegium aus, solange sie nicht beabsichtigen, Lehren definitiv als verpflichtend zu verkünden. Das ordentliche teilkirchliche Lehramt der Bischöfe ist im Verhältnis zum universalkirchlichen Lehramt von Papst und Bischofskollegium als Lehramt minderen Rechts zu qualifizieren.[67] Es ist nicht unfehlbar und darf nicht in Widerspruch zur übergeordneten Autorität geraten, wenn es seinen Gehorsamsanspruch nicht verlieren will.[68]

VII. Verlust eines Bischofsamtes

Ebenso wie die Bischofsbestellung ist auch der Verlust eines Bischofsamtes primatial bestimmt. Ob ein Bischof sein Amt verliert, ist – außer im Fall seines Todes – abhängig vom Papst.

Jeder Bischof, der das fünfundsiebzigste Lebensjahr vollendet oder der sich aus einem schwerwiegenden Grund nicht mehr in

---

Brian Ferme, The Rotal Allocution, 21 January 2000: A Note on the Exercise of the Magisterium, in: Ius Ecclesiae 12 (2000), 253–259.

[66] So hat die deutsche Bischofskonferenz das Apostolische Schreiben *Ordinatio Sacerdotalis* und die Enzyklika *Evangelium Vitae* in der von ihr herausgegebenen Reihe „Verlautbarungen des Apostolischen Stuhls" in deutscher Übersetzung publiziert.

[67] Vgl. *Georg May*, Das Glaubensgesetz, in: *ders./A. Scheuermann* (Hg.), Ius Sacrum. FS K. Mörsdorf, München/Paderborn/Wien 1969, 349–372 (359).

[68] Vgl. *Georg Gänswein*, „Episcopi [...] authentici sunt fidei doctores et magistri". Ein Beitrag zu Werdegang und Interpretation von c. 753, in: *K.-Th. Geringer/H. Schmitz* (Hg.), Communio in Ecclesiae Mysterio. FS W. Aymans, St. Ottilien 2001, 97–115 (115).

der Lage sieht, sein Amt wahrzunehmen, ist gehalten, dem Papst den Amtsverzicht anzubieten (cc. 401 § 1, 411). Der Papst kann den Amtsverzicht annehmen; dazu verpflichtet ist er nicht. Entscheidet sich der Papst gegen die Annahme, bleibt der Bischof im Amt und ist dazu verpflichtet, die mit dem Amt verbundenen Aufgaben weiterhin wahrzunehmen. Das kirchliche Gesetzbuch räumt ihm nicht das Recht ein, von sich aus zurückzutreten und die Amtsgeschäfte niederzulegen.

Neben der Option, einen Bischof trotz eines angebotenen Amtsverzichts im Amt zu belassen, hat der Papst auch verschiedene Möglichkeiten, einen Bischof gegen dessen Willen aus seinem Amt zu entfernen. Die diskreteste Vorgehensweise besteht darin, einen Bischof nachdrücklich zum Angebot des Amtsverzichts aufzufordern. Dem Vernehmen nach wird von dieser Möglichkeit Gebrauch gemacht, wenn es „Differenzen zwischen einem Bischof und dem Papst in Fragen des Dogmas und der Kirchendisziplin" gibt.[69] Ferner kann der Papst einen Bischof strafweise oder aus einem anderen Grund nach seinem Ermessen versetzen oder ihn als Strafe für ein schwerwiegendes Vergehen absetzen (c. 416). Als *dominus canonum* kann der Papst einen Bischof auch auf andere, nicht im Codex vorgesehene Weise aus dem Amt entfernen, zum Beispiel im Wege einer Amtsenthebung gemäß c. 192.[70]

---

[69] *Reese*, Vatikan, 341–342 (Anm. 45). Falls der Vatikan die Entpflichtung eines Diözesanbischofs für geboten halte, „würde [er] alles tun, um einen Bischof zu überzeugen, freiwillig und diskret zurückzutreten", ebd., 341. Nach *Klaus Mörsdorf*, Einleitung und Kommentar zum Dekret über die Hirtenaufgabe der Bischöfe in der Kirche, in: LThK^2-Konzilskommentar, Bd. II, 126–247 (187), kann in bestimmten schwerwiegenden Fällen „durch eine Einladung zum Verzicht nachgeholfen werden". – Beispiele für solche Fälle lassen sich naturgemäß nicht anführen. Einschlägige Vermutungen werden im Zusammenhang mit dem Amtsverzicht des St. Pöltener Diözesanbischofs *Kurt Krenn* im Herbst 2004 geäußert, vgl. *Fritz Csoklich*, Hoffnung auf grundlegende Besserung. Österreich am Ende des Jahres 2004, in: HerKorr 58 (2004), 623–628 (627).

[70] Im Januar 1995 hat *Papst Johannes Paul II.* den damaligen Bischof von Evreux, *Jacques Gaillot*, in die Titulardiözese Partenia „versetzt", vgl. AnPont 1996, 948 (dort nur der Vermerk „tr." = traslato). Die Zuweisung eines Titularbistums ist indes nicht die für eine Versetzung von Rechts wegen geforderte Verleihung eines neuen Amtes. Von daher kann eine solche „Versetzung" allenfalls als Rechtsfiktion angesehen werden. Soweit anhand der bekannt gewordenen Fakten rekonstruiert werden kann, handelt es sich bei der als „Versetzung" deklarierten Maßnahme rechtlich um eine Amtsenthebung. Bischof *Gaillot* gibt an, er sei in einer Unterre-

VIII. Resümee

Die skizzierten Aspekte des Verhältnisses zwischen Papst und Bischöfen machen deutlich: Die Eigenständigkeit der Bischöfe und der von ihnen repräsentierten Teilkirchen ist nicht stark ausgeprägt. Synodale und kollegiale Verantwortungsstrukturen im Verhältnis von Papst und Bischöfen sind nur schwach entwickelt. Das Verhältnis zwischen dem Papst und den Bischöfen erweist sich von Rechts wegen, aber auch in der kirchlichen Praxis als ein hierarchisches Gefälle.

Dieser Befund steht im Einklang mit der Lehre über den päpstlichen Jurisdiktionsprimat. Danach besitzt der Papst höchste, volle, unmittelbare und universale ordentliche Gewalt in der Kirche. Diese Gewalt kann er immer frei ausüben. Sie kommt ihm nicht nur in Hinblick auf die Gesamtkirche zu. Er besitzt auch über alle Teilkirchen einen Vorrang ordentlicher Gewalt. Andernfalls wäre seine Gewalt nicht eine Höchstgewalt. Schon die Väter des Ersten Vatikanums sahen und zogen diese Konsequenzen.[71] Das kirchliche Gesetzbuch überführt in den cc. 331 und 333 die dogmatischen Vorgaben in rechtliche Bestimmungen.

Weil der Papst einen Vorrang an ordentlicher Gewalt über die Teilkirchen besitzt, kann er in jeder Diözese alles tun, was der Diözesanbischof zu tun vermag. Er kann die Gewalt des Diözesanbischofs von Rechts wegen einschränken, er kann sich darüber hinaus jederzeit in die Leitung jeder Teilkirche einschalten. Er ist dazu nach kirchlicher Lehre und geltendem Recht nicht nur in Ausnahmefällen befugt, sondern jedesmal, wenn das nach seinem Urteil erforderlich oder nützlich ist.[72] Kriterien

dung mit dem Präfekten der Bischofskongregation aufgefordert worden, von sich aus den Verzicht auf sein Amt anzubieten, was er aber abgelehnt habe. Am Tag nach diesem Gespräch gab der Vatikanische Pressesaal die „Versetzung" des Bischofs bekannt, vgl. zu diesen und weiteren Einzelheiten des Falles *Jean-Luc Hiebel*, L'affaire Gaillot, les médias et le droit de l'église, in: RDC 45 (1995), 101–118.

[71] Vgl. Vat I, Dogmatische Konstitution *Pastor Aeternus*, Canon des III. Kapitels, in: *Heinrich Denzinger/Peter Hünermann* (Hg.), Kompendium der Glaubensbekenntnisse und kirchlichen Lehrentscheidungen, Freiburg [40]2005, 3064.

[72] C. 333 § 1 stellt unmißverständlich fest, durch den Vorrang päpstlicher Gewalt werde die Gewalt der Diözesanbischöfe gestärkt und geschützt. Ob, wann und wie die diözesanbischöfliche Gewalt zu stärken und zu schützen ist, entscheidet der

für sein Eingreifen lassen sich nicht benennen. Der Papst wäre nicht die höchste Autorität in der Kirche, wäre er an solche Kriterien gebunden. Jede „rechtliche Bindung oder Einschränkung im Ob und im Wie päpstlichen Handelns [ist] ausgeschlossen".[73]

Durch diese Vorgaben ist das Verhältnis zwischen dem Papst und den Bischöfen grundlegend bestimmt. Im Horizont der Lehre vom Jurisdiktionsprimat kann es sich nicht um ein Verhältnis zwischen rechtlich Gleichgestellten handeln.

Papst Johannes Paul II. hat von dem ihm zukommenden Vorrang Gebrauch gemacht, wo immer ihm dies erforderlich erschien. Auf diese Weise hat er das hierarchische Gefälle zu den Bischöfen besonders akzentuiert. Denkbar wäre für die Zukunft eine päpstliche Amtsführung, die den Jurisdiktionsprimat weniger stark zur Geltung bringt. Sie könnte nach außen den Eindruck einer „flachen Hierarchie" vermitteln. An dem hierarchischen Gefälle zwischen Papst und Bischöfen änderte sich dadurch nichts. Es ist auch nicht zu erkennen, wie eine Nivellierung dieses Gefälles möglich sein sollte, ohne in die Aporie einer rechtlichen Beschränkung des *per definitionem* als unbeschränkt verstandenen Jurisdiktionsprimats zu führen.

Die Studie „Communio Sanctorum" formuliert für ein ökumenisch konsensfähiges Verständnis des Petrusdienstes aus lutherischer Perspektive unter anderem die folgenden beiden Kriterien: Achtung vor der Vielfalt und Eigenständigkeit der „Regionalkirchen" und Verpflichtung gegenüber kollegialen und synodalen Verantwortungsstrukturen auf universal-kirchlicher Ebene.[74] „Achtung" und „Verpflichtung" sind interpretationsbedürftige Begriffe.

Papst. Stärkung und Schutz kommen nicht nur als Reaktionen auf Schwächung und Gefährdung in Betracht. Als Stärkung und Schutz können auch Präventivmaßnahmen verstanden werden. Der Papst muß nicht warten, bis der Diözesanbischof ausfällt oder versagt. Er kann auch eingreifen, ohne daß es einen bestimmten Anlaß gibt. Ausführlicher zu diesem und anderen Versuchen, die Bestimmungen über die päpstliche Gewalt relativierend zu interpretieren, vgl. *Bier*, Rechtsstellung, 149–154 (Anm. 28).

[73] *Helmuth Pree*, Das kirchenrechtliche Kernprofil des hierarchischen Amtes, in: S. Demel (Hg.), Mehr als nur Nichtkleriker: Laien in der katholischen Kirche, Regensburg 2001, 57–91 (63).

[74] Vgl. *Communio Sanctorum*, n. 190 (Anm. 6).

Papst Johannes Paul II. hätte für sich vermutlich in Anspruch genommen, er habe die geforderte „Achtung“ vor den Teilkirchen gewahrt und alles unternommen, um seiner „Verpflichtung“ zu synodalem und kollegialem Handeln gerecht zu werden. Andere mögen dies anders sehen. Zum Jurisdiktionsprimat gehört indes nach katholischem Selbstverständnis, daß es auch bezüglich solcher Einschätzungen letztlich auf das Ermessen des Papstes ankommt.

Michael Plathow

Unabgegoltenes: Seelsorge und Recht im Pontifikat Johannes Paul II.

Das Pontifikat Johannes Paul II. ist durch die Spannung zwischen seelsorgerlich-pastoralen Zeichensetzungen einerseits und lehramtlichen Rechtsetzungen andererseits geprägt. Dabei sind auch die seelsorgerlichen Zeichen des geistlichen Hirten in die lehramtlichen Letztentscheidungen der kanonischen Gesetzgebung eingebunden. Diese Spannung verbindet sich mit der Diskrepanz weltweiter Öffnung nach außen und kurialer Zentrierung nach innen.

Diese These soll zunächst (I.) begründet werden; sie bildet den roten Faden in der weiteren Entfaltung der Argumentation. Papst Johannes Paul II., selbst Teilnehmer am II. Vatikanischen Konzil, verstand sein Wirken in Kontinuität mit diesem Konzil. Es sollte nach dem Willen von Papst Johannes XXIII. ein geistliches „aggiornamento", ein Heutigwerden sein, nämlich eine „neue Inkulturation der Offenbarung [...] in einer Menschheit, die im Umbruch begriffen ist",[1] und ein „aggiornamento" des kanonischen Rechts einleiten. Das Ziel war eine Überarbeitung des alten Codex von 1917. Es stellt sich darum (II.) die Frage, inwiefern die Spannungen und Diskrepanzen des Pontifikats Johannes Paul II. in den Verlautbarungen des II. Vatikanischen Konzils wurzeln. Die Erneuerung des kanonischen Rechts unter Papst Johannes Paul II. findet ihren Niederschlag in den kodikarischen Gesetzen des Codex Iuris Canonici (1983) und – weil Lehre nach römisch-katholischemVerständnis rechtlich qualifiziert ist – in der lehramtlichen Erklärung *Dominus Iesus* (2000) (III.). Die Analyse mündet in eine Wertung der kirchenrechtlichen Bedeutung des Pontifikats Johannes Paul II. (IV.).

---

[1] *Guiseppe Alberigo*, Art. Aggiornamento, in: LThK^3 I, 231. Vgl. auch *ders.*, Das Zweite Vatikanische Konzil und seine Geschichte, in: Conc 41 (2005), 351ff.

I. Spannungen und Diskrepanzen im Pontifikat Johannes Paul II.

Auf der einen Seite wurde Papst Johannes Paul II. als geistlicher Hirte erfahren: Von Jesus Christus gab er Zeugnis, weisende Worte richtete er an die römisch-katholischen Gläubigen und an die Welt, als liebevoller Vater wandte er sich den einzelnen Menschen zu. Seine gelebte Spiritualität war tief in der mariologischen Frömmigkeit verwurzelt. Eindrucksvoll war seine Vergebungsbereitschaft gegenüber dem Attentäter Ali Agca (13.05.1981), nachhaltig seine Teilnahme an den Friedensgebeten in Assisi (27.10.1986 und 24.01.2001), überzeugend sein Schuldbekenntnis (12.03.2001), das er stellvertretend für die Glieder seiner Kirche, freilich nicht für die Kirche selbst, ablegte. Für das zeitlich lange Pontifikat Johannes Paul II. sind seine geistlichen Pilgerreisen und weltweite Begegnungen kennzeichnend; als geistliches Oberhaupt der römisch-katholischen Kirche erwies er dem Gastland jeweils seine Referenz, indem er gleich nach der Ankunft zeichenhaft den Boden küsste. Damit verknüpft und untrennbar verbunden, machte er als Oberhaupt des Vatikanstaates medienwirksam diplomatische Staatsbesuche: eine Vermischung von geistlichem und weltlichem Regiment.

Ausweitend suchte er die Begegnungen und Gespräche mit den Vertretern anderer Kirchen, mit kirchlichen Gemeinschaften, Religionen und mit gesellschaftlichen und politischen Repräsentanten. Erwähnt seien die Begegnungen mit den orthodoxen Patriarchen von Konstantinopel Dimitrius I. und Bartholomäus, dann die Treffen mit den Erzbischöfen von Canterbury Rancie und Caray sowie der Besuch in der Lutherischen Christuskirche in Rom (11.12.1983) und beim Ökumenischen Rat der Kirchen in Genf (12.06.1984). Weitere Kreise einbeziehend besuchte er Israel (2000), die Omajadenmoschee in Damaskus (06.05.2001) und nahm an den Friedensgebeten in Assisi teil. Schließlich wandte er sich mit seinen Reden vor der UNO-Vollversammlung an alle Menschen guten Willens mit den Appellen für Frieden, Gerechtigkeit und Bewahrung der Schöpfung sowie für die normativ verbindliche Bedeutung des natürlichen Sittengesetzes, das im Schutz des ungeborenen Lebens seine normative Zuspitzung hat. Dies fand in der Ablehnung des Irakkrieges durch die Rede beim Neujahrsempfang des diplomatischen Korps am 13.01.2003 einen weithin hörbaren Widerhall. Papst Johannes Paul II. setzte Zeichen mit symbolischer Ausstrahlung. Zeichen aber bleiben zunächst uneindeutig. Sie erhalten ihre Klarheit erst durch einen Deutungsrahmen. Dieser ist von den lehramtlichen, rechtlich qualifizierten Erklärungen vorgegeben. Und die – das sei hier schon betont – vertreten einen inkludierenden Exklusivismus, also eine vereinnahmende Ausschließlichkeit der römisch-katholischen Kirche.

Ausweitend gestaltet sich auch die Themenwahl der 14 Enzykliken und der nachsynodalen Apostolischen Schreiben dieses Papstes. Vom inneren römisch-katholischen Raum sich auf die weiteren Bereiche ausdehnend, geben sie zunächst lehramtliche Weisungen zu grundlegenden innerrömisch-katholischen Themen: die Enzykliken *Redemptor hominis* (1979), *Dominum et vivificantem* (1986), *Redemptoris mater* (1987), *Redemptoris missio* (1991), *Veritatis splendor* (1993), *Fides et ratio* (1998) und die Eucharistieenzyklika *Ecclesia de eucharistia* (2003).

In zwischenkirchlicher Perspektive behandelt dann die Ökumeneenzyklika *Ut unum sint* (1995), aber vor allem die im folgenden noch genauer zu betrachtende lehramtliche Erklärung *Dominus Iesus* (2000) die ambivalenten Beziehungen zu den anderen Kirchen. Für das Verhältnis der römisch-katholischen Kirche zu den nichtchristlichen Religionen hat von der Religions-Deklaration *Nostra aetate* (1965) und der Erklärung zur Religionsfreiheit *Dignitatis humanae* (1965) sowie dem Missionsdekret *Ad gentes* (1965) des II. Vatikanischen Konzils her dann die lehramtliche Erklärung *Dominus Iesus* (2000) besondere Bedeutung.

Mit den Sozialenzykliken *Laborem exercens* (1981), *Solicitudo rei socialis* (1987), *Centesimus annus* (1991) wandte sich Papst Johannes Paul II. an die ganze Menschheit und mit den nachsynodalen Apostolischen Schreiben an die verschiedenen Teilkirchen der römisch-katholischen Gesamtkirche in Afrika (1995), Amerika (1999), Asien (2000) und Europa (2003). Diese sich thematisch ausweitenden lehramtlichen Erklärungen haben – rechtlich qualifiziert – verbindliche Bedeutung. Die bedeutungsoffenen Zeichensetzungen von Papst Johannes Paul II.

erfahren durch diese Erklärungen des Lehramtes ihre Deutung und ihre Eingrenzung und Abgrenzung im Sinne des inkludierenden Exklusivismus der römisch-katholischen Kirche.

Auf der anderen Seite tritt die Spannung im Pontifikat Johannes Paul II. in den kirchenrechtlichen und kirchenpolitischen Entscheidungen der lehramtlichen Gesetzgebungen an den Tag. Mit dem Glaubens- und Treueeid in der *Professio fidei* (1989)[2] und mit der Erklärung *Ad tuendam fidem* (1998)[3] wird die absolute Bindung der Bischöfe, Priester, Diakone und Laien an die lehramtlichen Entscheidungen eingefordert und – entsprechend den Gesetzen des von Papst Johannes Paul II. promulgierten Codex Iuris Canonici von 1983 – die Gehorsamspflicht gegenüber der vom Papst oder Bischofskollegium verkündeten Glaubens- und Sittenlehre festgestellt.

Nach den lehrgesetzlichen Bestimmungen über das Lehramt (munus docendi) – die Übersetzung des CIC lautet: „Verkündigungsdienst“ – „muß all das geglaubt werden“ (omnia credenda sunt), was im geschriebenen oder überlieferten Wort Gottes als dem einen der Kirche anvertrauten Glaubensgut (depositum fidei) enthalten und zugleich als von Gott geoffenbart vorgelegt wird, sei es als vom feierlichen Lehramt der Kirche, sei es als von dem ordentlichen und allgemeinen Lehramt appobiert (CIC, c. 750). Am 22.05.1994 legte Papst Johannes Paul II. mit der Erklärung *Ordinatio sacerdotalis*[4] die endgültige Ablehnung der Frauenordination dogmatisch und gesetzlich fest.

Am 03.09.2000 wurde der Kommunionsempfang wiederverheirateter geschiedener Eheleute verboten. Der Brief des Papstes vom 20.11.1999 enthielt dann die kirchenpolitische Entscheidung zum Ausstieg aus der Schwangerschafts-Konfliktberatung.

Die Spannung und Ambivalenz zwischen dem geistlichen Hirtenamt und der lehramtlichen Gesetzgebung von Papst Johannes Paul II. sowie die Diskrepanz zwischen seelsorgerlich-pastoralen Zeichensetzungen und lehramtlichen, kirchenrechtlichen und kirchenpolitischen Entscheidungen in seinem Pontifikat ist deutlich.

---

[2] *Heinrich Denzinger/Peter Hünermann* (Hg.), Kompendium der Glaubensbekenntnisse und kirchlichen Lehrentscheidungen, Freiburg [40]2005, Nr. 5070–5072.

[3] Ebd., Nr. 5065–5066.

[4] Ebd., 4980–4983.

Bei aller Öffnung nach außen ist dieses Pontifikat verbunden mit einer kurialen Zentrierung nach innen.

II. Das II. Vatikanische Konzil und Papst Johannes Paul II.

Das II. Vatikanische Konzil sollte ein „aggiornamento" der römisch-katholischen Kirche heraufführen. Ein vielförmiges und sich gegenseitig bereicherndes ökumenisches Leben wuchs in den folgenden Jahres. Geistlicher Ökumenismus blieb kein Fremdwort: Es gab u.a. ökumenische Gottesdienste und Gebets- und Bibelwochen, ökumenische Einkehrtage und Pilgerwege. Ebenso wurden Begegnungen, theologische Lehrgespräche[5] und konkrete Kooperationen zwischen den christlichen Kirchen initiiert.

Papst Johannes Paul II. verstand sein Wirken in Kontinuität zum II. Vatikanischen Konzil. Es stellt sich darum die Frage, ob und inwiefern die Spannungen und Diskrepanzen seines Pontifikats schon in den Entscheidungen des II. Vatikanischen Konzils und seinen Dokumenten angelegt sind.

Zunächst sei festgehalten, daß die sich ausweitenden und integrierenden Zeichensetzungen und lehramtlichen Verlautbarungen im Pontifikat Johannes Paul II. an dem grundlegenden Modell der „konzentrischen Kreise" der römisch-katholischen Kirche des II. Vatikanischen Konzils orientiert sind. Mit der Enzyklika Papst Paul VI. *Ecclesiam suam* (20.08.1964)[6] wird in der „Dogmatischen Konstitution über die Kirche" Nr. 15 – *Lumen gentium*[7] – festgestellt: Die Selbstmitteilung des dreieinen Gottes in der Menschwerdung Jesu Christi durch den heiligen Geist konstituiert die Kirche Jesu Christi. In der Gestalt der römisch-katholischen Kirche ist sie verwirklicht, ist sie da, subsistiert sie

[5] Vgl. *Harding Meyer/Damaskinos Papandreou/Hans Jörg Urban/Lukas Fischer* (Hg.), Dokumente wachsender Übereinstimmung, Bd. I–III, Paderborn 1983–2003.

[6] AAS 56, 1964, 609–659.

[7] Das Zweite Vatikanische Konzil. Konstitutionen, Dekrete und Erklärungen. LThK I, Freiburg i.Br. 1966, 156ff; auch in: *Denzinger/Hünermann*, aaO. (Anm. 2), Nr. 4139–4140.

(subsistit in).[8] Diese ist als Zeichen und Werkzeug des sakramentalen Heilswirkens in und mit der sichtbaren Kirche Sakrament, analog zum mystischen Leib Christi. Denn entsprechend der menschlichen Natur Jesu Christi und ihrer freien Mitwirkung des Heils wirkt auch die institutionalisierte römisch-katholische Kirche als sich fortsetzende Menschwerdung Christi das Heil Gottes mit. Hierarchisch (societas hierarchice ordinata) organisiert[9] mit und unter dem unfehlbaren (infalliblen), Recht setzenden und durchsetzenden (jurisdiktionellen) Papstamt nach „göttlichem Recht“ (jure divino), gibt sie Teil am sakramentalen Heil.

Nach diesen Vorstellungen ist die ganze Menschheit auf die römisch-katholische Kirche ausgerichtet, weil alle Menschen ihrer anthropologischen Verfaßtheit nach auf Transzendenz und letztlich auf die „Fülle“ des Heilsempfangs durch die Kirche eingestellt sind. Hier treffen wir auf eine Abstufung der Heilselemente: zunächst die orthodoxen Kirchen als „Schwesterkirchen“, dann die anderen christlichen „Kirchen und kirchlichen Gemeinschaften“, weiter die monotheistischen und anderen Religionen, schließlich alle Menschen guten Willens. Die römisch-katholische Kirche will nach dem Modell der abgestuften „konzentrischen Kreise“, das zugleich eine integrierende Funktion hat, Zeichen und Werkzeug für die Einheit der Menschheit sein. Das Modell repräsentiert den inkludierenden Exklusivismus des römisch-katholischen Kirchenverständnisses.

Dieses römisch-katholische Stufendenken des Modells der „konzentrischen Kreise“ hat seine Entsprechung in den Lehraussagen über das Glaubensgut als „Hierarchie der Wahrheiten“ – der Plural „Wahrheiten“ ist kennzeichnend –, in der hierarchischen Ordo-Struktur des dreistufigen Amtes von Bischof, Priester und Diakon, in den abgestuften Heilselementen sowie in der gestuften Dignität der lehramtlichen Erklärungen und der Verlautbarungen des II. Vatikanischen Konzils.

Demnach hat die Dogmatische Konstitution über die Kirche *Lumen gentium* einen sehr hohen Stellenwert; er ist höher als der

---

[8] Ebd., Nr. 8; auch in: *Denzinger/Hünermann*, aaO. (Anm. 2), Nr.4119. Vgl. auch: *Peter Hünermann/Bernd Jochen Hilberath* (Hg.), Herders theologischer Kommentar zum Zweiten Vatikanischen Konzil, Bd. V, Freiburg i.Br. 2006, 207.

[9] *Lumen gentium*, Nr. 8, 20, in: *Denzinger/Hünermann*, aaO. (Anm. 2), Nr. 4119, 4144.

des „Ökumenismusdekrets“, von *Unitatis redintegratio* und weiterer Erklärungen;[10] das „Ökumenismusdekret“ ist von der „Dogmatischen Konstitution über die Kirche“ her zu verstehen.

Lumen gentium entfaltet das römisch-katholische Kirchenverständnis in dreifacher Weise: heilsgeschichtlich als pilgerndes Gottesvolk, als sakramentaler Leib Christi und als hierarchisch geordnete Gesellschaft (societas hierarchice ordinata). Anders als in der Enzyklika Papst Pius XII. *Mystici corporis christi* (1943), in der die von einem sozialphilosophischen Konzept geprägte hierarchische Gesellschaft der römisch-katholische Kirche mit dem Leib Christi durch ein „est“ identifiziert wird, wählt die heilsgeschichtlich ausgerichtete „Dogmatische Konstitution über die Kirche“, mit dem „subsisit in“ eine offene Formulierung: Der Leib Christi ist in der sichtbaren römisch-katholischen Kirche „verwirklicht“, „subsistiert“ in ihr, „ist da“ in ihr. Das schließt aber, wie die nachvatikanische Diskussion deutlich macht, auch die Interpretation durch ein identifizierendes „ist“ nicht aus. So werden wohl einerseits Heilselemente in den anderen christlichen Kirchen in gestufter Weise anerkannt, jedoch als dingliche, nicht als personale Beziehung des Glaubens an Jesus Christus verstanden; andererseits aber wird die „Fülle“ des Heils nur in der römisch-katholischen Kirche gesehen. Es handelt sich um eine Spannung die sich auch im Konzilsverlauf an der Spannung zwischen Kardinal Ottaviani einerseits und Kardinal Bea andererseits beispielhaft zeigte.

Im „Ökumenismusdekret“ werden die Christen der reformatorischen Tradition „unsere Brüder“ genannt. Ihre „Liebe und Hochschätzung, ja fast kultische Verehrung der Heiligen Schrift“ wird hervorgehoben.[11] Zugleich werden sie ohne Differenzierung als „Kirchen und kirchliche Gemeinschaften“ angesehen.[12] Es fehlt ihnen mit dem dreistufigen Amtsordo unter dem Papst in apostolischer Sukzession bischöflicher Handauflegung die volle

---

[10] Vgl. *Heiner Grote*, Was verlautbart Rom wie? Eine Dokumentenkunde für die Praxis, Bensheimer Hefte 76, Göttingen 1995.

[11] Ökumenismusdekret, Nr. 21, in: LThK II, Freiburg 1967, 40ff; auch in: *Denzinger/Hünermann*, aaO. (Anm. 2), Nr. 4185–4192.

[12] Ebd., Nr. 19, also nicht wie die Orthodoxen Kirchen, die in Nr. 14 als „Schwesterkirchen“ bezeichnet werden. Vgl. auch die „Nota“ über die Schwesterkirchen von 2000.

Gemeinschaft mit der römisch-katholischen Kirche. Und wegen des Fehlens des Weihesakraments (defectus ordinis)[13] haben sie nicht die ursprüngliche und vollständige Wesenheit (substantia) des eucharistischen Mysteriums bewahrt, was wiederum die Frage nach der Bedeutung von „defectus" als entweder „Fehlen" oder „Mangel" aufwirft.

Indem sich die römisch-katholische Kirche auf diese Weise wohl – anders als in der Enzyklika *Mortalium animos* (1928), die dies verbietet, – mit ihrem Absolutheitsanspruch in die gestuften Beziehungen mit den anderen Kirchen hineinstellt, fordert das „Ökumenismusdekret" weiterhin nur: „Ausmerzen der Verurteilungen, Dialogbereitschaft, Zusammenarbeit und gemeinsames Gebet". Der ökumenische Dialog soll auf gleicher Ebene „par cum pari" geführt werden.

Der „geistliche Ökumenismus" als Erneuerung und Bekehrung aus dem Gebet für die Einheit wird in zwei „Prinzipien" konkretisiert: Erstens geschieht das in der Bezeugung der Einheit, womit an der untrennbaren Verknüpfung von Kirchen- und Eucharistiegemeinschaft festgehalten wird. Diese ist römisch-katholischerseits mit den reformatorischen Kirchen aber nicht gegeben und macht folglich Eucharistiegemeinschaft unmöglich. Zweitens zeigt sich das in der Sorge um die Gnade, was im Einzelfall die Zulassung zur Eucharistie in besonderen Notsituationen ermöglicht.[14]

Sowohl die seelsorgerliche Situation konfessionsverbindender Ehen als auch die von ökumenisch verbindlich lebenden Gruppen wurden überhaupt nicht berücksichtigt, was zu den Konflikten um die eucharistische Gastfreundschaft beim Ökumenischen Kirchentag in Berlin (2003) und zum Fall „Prof. Dr. Gotthold Hasenhüttl" führte und darüber hinaus den Riß im Verständnis des Abendmahls bestätigte.

Die ökumenischen Grenzen und Abgrenzungen der „Dogmatischen Konstitution über die Kirche" und damit auch des „Ökumenismusdekrets" sind vorgegeben durch die Dogmatisierung der Unfehlbarkeit und des Jurisdiktionsprimats des Papstes im

---

[13] Ebd., Nr. 22.

[14] Das „Ökumenische Direktorium" von 1993 wie auch der CIC, c. 844 nennen dazu die Durchführungsbestimmungen und die kodikarischen Gesetze. – VApS 110, Nr. 129ff.

I. Vatikanischen Konzils von 1870. Durch die Bekanntmachung der *Nota explicativa praevia* von Papst Paul VI. am 16.11.1964[15] als lehramtlicher Rahmen der „Dogmatischen Konstitution über die Kirche" wurde gegenüber der Betonung des kollegialen Lehramtes der Gemeinschaft (communio) der Bischöfe die Lehrautorität der Römischen Papstes „für sich" (seorsim) festgestellt. Ökumenische Grenzen bilden außerdem die mariologischen Dogmen von der „unbefleckten Empfängnis" Marias (1854) und der „in den Himmel aufgenommenen Gottesmutter" (1950) sowie das römisch-katholische Amts- und Kirchenverständnis mit seiner Spannung zwischen geistlicher Gemeinschaft (communio) entsprechend zur Gemeinschaft des sich selbstmitteilenden dreieinen Gottes einerseits und hierarchisch organisierter sichtbarer Gesellschaft (societas hierarchica) andererseits.

Wie die offene Verknüpfung von geistlicher Gemeinschaft (communio) und hierarchisch strukturierter Gesellschaft (societas) im Kirchenverständnis der „Dogmatischen Konstitution über die Kirche" so ermöglichten die offenen Formulierungen von „subsitit in" als „adest" oder „est", von „defectus ordinis" als „Fehlen" oder „Mangel", von „Kirchen und kirchlichen Gemeinschaften" als „Kirche/Nicht-Kirche" oder „Kirche/anderer Typ Kirche" Spielräume der Interpretation.

So deuteten auch römisch-katholische Theologen und Ökumeniker „subsistit in" als Öffnungsklausel, „defectus" als „Mangel" und „Kirchen und kirchliche Gemeinschaften" als „anderen Typ" von Kirche in Richtung auf „versöhnte Verschiedenheit" eucharistischer Gastfreundschaft. Doch liegt die Interpretationshoheit beim päpstlichen Lehramt. Papst Johannes Paul II. als seelsorgerlicher Hirte, unfehlbarer Lehrer und kodikarischer Gesetzgeber vom II. Vatikanischen Konzil her hat das verbindliche Lehramt in Richtung eines Kirchenverständnisses als zentralistisch geleiteter, hierarchisch organisierter „societas" und eines inkludierenden Exklusivismus ausgeübt. Der CIC (1983) und die lehramtliche Erklärung *Dominus Iesus* sind signifikante Beispiele dafür.

---

[15] Vgl. LThK I, aaO. (Anm. 7), 348ff. Vgl. auch *Edmund Schlink*, Nach dem Konzil, in: *ders.*, Schriften zu Ökumene und Bekenntnis, Bd. 1, Göttingen 2004, 79f.

III. Der CIC (1983) und *Dominus Iesus* (2000): Fokus des Pontifikats Johannes Paul II.

1. Der Codex des kanonischen Rechts von 1983

Mit der Promulgation des Codex des kanonischen Rechts durch Papst Johannes Paul II. am 25.01.1983 trat der neue Codex Iuris Canonici, CIC (1983) an die Stelle des alten von 1917. Zugleich gab er mit seinen kodikarischen Bestimmungen den Interpretationsrahmen für die Lehrentscheidungen des II. Vatikanischen Konzils, also auch für die „Dogmatische Konstitution über die Kirche“ und für das „Ökumenismusdekret“. Römisch-katholische Lehre hat rechtliche Qualität. Das kanonische Recht gehört zum Wesen des sakramentalen Verständnisses der römisch-katholischen Kirche und verleiht, weil wesentlich, der kirchlichen Lehre die rechtliche Qualität des „ius divinum“ um des „Heils der Seelen“ willen.[16] So gilt für das als Verkündigungsdienst bezeichnete Lehramt (munus docendi): „Kraft göttlichen und katholischen Glaubens ist all das zu glauben (omnia credenda sunt), was im geschriebenen oder im überlieferten Wort Gottes als dem einen der Kirche anvertrauten Glaubensgut (depositum fidei) enthalten ist und zugleich als von Gott geoffenbart vorgelegt wird, sei es vom feierlichen Lehramt der Kirche, sei es von ihrem ordentlichen und allgemeinen Lehramt.“[17] Entsprechend wird der gültige sakramentale Heiligungsdienst (munus sanctificandi) nach göttlichem Recht gesetzlich geordnet. Die Instruktions- und Gehorsamsstruktur ist im CIC (1983) in den cc. 750–754 unter Androhung von Strafe in c. 1371 festgeschrieben.

Die Kirche Jesu Christi, in dieser Welt als hierarchische Gesellschaft (societas hierarchice ordinata) verfaßt und geordnet, ist in der römisch-katholischen Kirche verwirklicht (subsistit in), die von dem Nachfolger Petri und den Bischöfen mit ihm gemeinsam geleitet wird.[18] Die einende und zentrierende Autorität liegt allein beim Lehramt des Papstes und mit ihm bei den Bischöfen, so daß die „juristische Einheitsekklesiologie“ eine mög-

[16] CIC (1983) c. 1752.

[17] Ebd., c. 750.

[18] Ebd., c. 204 § 2.

liche andersgeartete „communio-Ekklesiologie" „überlagert".[19] Die Spannung gegenüber dem Kirchenverständnis als geistlicher Gemeinschaft (communio) wird zugunsten des Verständnisses als hierarchisch geordneter Gesellschaft aufgelöst. Wie das „Schreiben an die Bischöfe der katholischen Kirche über einige Aspekte der Kirche als communio" (28.05.1992) zeigt, wird die Gesamtkirche den einzelnen Teilkirchen „ontologisch und zeitlich" vorgeordnet.[20] Das steht einem Modell von Universalkirche und Ortskirche entgegen, das den einzelnen Ortskirchen ein legitimes Eigenrecht zuspricht. Das durch das II. Vatikanische Konzil gestärkte Bischofsamt wird nun verstärkt an das gesamtkirchliche Papstamt und an die Kurie gebunden.

2. Die Erklärung *Dominus Iesus*

Die Erklärung *Dominus Iesus. Über die Einzigkeit und die Heilsuniversalität Jesu Christi und der Kirche* vom 06.08.2000[21] verbindet die Einzigkeit und Heilsuniversalität Jesu Christi mit der Einzigkeit und Heilsuniversalität der römisch-katholischen Kirche. In *Dominus Iesus* fokussieren sich – dem Modell der „konzentrischen Kreise" entsprechend – die lehrgesetzliche Konzeption des römisch-katholischen Ökumenismus zu den anderen christlichen Kirchen und zugleich die interreligiösen Beziehungen zu den anderen Religionen. In einer gewissen, allerdings abgestuften Parallelität zueinander werden die ökumenischen und interreligiösen Beziehungen behandelt.

a. Der interreligiöse Aspekt

Die Erklärung *Dominus Iesus* will „einige unumgängliche lehrmäßige Inhalte in Erinnerung" rufen. Sie gehören zum „Glaubensgut" (depositum fidei) der Kirche; sie sind entsprechend dem „Lehramt" (munus docendi) nach CIC, cc. 750–754 „fest zu glauben".[22] Dies sind: erstens die Fülle und Endgültigkeit der

---

[19] *Richard Puza*, Katholisches Kirchenrecht, Heidelberg 1986, 203.

[20] VApS 107, Nr. 9.

[21] VApS 148.

[22] Ebd., Nr. 5, 7, 10, 11, 13, 14, 16, 20.

Offenbarung Jesu Christi, zweitens die Verbundenheit der Heilsordnung des fleischgewordenen Logos und des heiligen Geistes und drittens die Einzigkeit und Universalität des Heilsmysteriums Jesu Christi.

In der Frageperspektive „Was eint, was trennt"[23] wird hier der gemeinsame Glaube an den dreieinen Gott und an Jesus Christus, wahrer Mensch und wahrer Gott, als Zeugnis der biblischen Schriften so festgestellt, wie es im Symbol von Nizäa-Konstantinopel von 381 bekannt wird. Dieses trinitarische und christologische Bekenntnis wird von den Reformatoren und von den evangelischen Bekennnisschriften als unverfügbarer gemeinsamer Glaubensgrund der Christen und der christlichen Kirchen betont. In diesem Sinn betont auch Papst Johannes Paul II. in seiner Ökumeneenzyklika *Ut unum sint* mit den Worten Papst Johannes XXIII.: „Das, was uns verbindet, ist viel stärker als das, was uns trennt".[24] Mit dieser Gemeinsamkeit verbindet sich in *Dominus Iesus* zugleich das im Kirchenverständnis Trennende: die Einzigkeit und Heilsuniversalität der sichtbaren römisch-katholischen Kirche.

Dagegen wendet sich *Dominus Iesus*, insofern auch aus evangelischer Perspektive zutreffend, gegen die pluralistische Religionstheorie, nach der alle Heilswege der verschiedenen Religionen gleich und komplementär zum Heil in Jesus Christus sind;[25] ferner verurteilt sie treffend religiösen Indifferentismus und Relativismus.[26]

In der Erklärung des II. Vatikanischen Konzils zum Verhältnis zu den anderen Religionen *Nostra aetate*[27] und in dem Missionsdekret *Ad gentes* besteht eine Spannung zwischen interreligiösem Dialog auf Grund der anerkannten religiösen Elemente in anderen Religionen einerseits und missionarischer Evangelisierung auf Grund der „Fülle" des Heils in und durch die römisch-katholische Kirche andererseits. Diese Spannung wird in *Dominus Iesus* nicht gelöst. Sie wird in dieser Erklärung der

---

[23] Vgl. *Konfessionskundliches Institut* (Hg.), Was eint? Was trennt? Ökumenisches Basiswissen, Bensheimer Hefte 101, Göttingen 2002.

[24] VApS 121, Nr. 20.

[25] Ebd., Nr. 14, 15, 21.

[26] Ebd., Nr. 22.

[27] *Denzinger/Hünermann*, aaO. (Anm. 2), Nr. 4195–4199.

Glaubenskongregation festgeschrieben. Zwar werden mit „aufrichtiger Ehrfurcht“ die anderen Religionen betrachtet, weil ihnen religiöse Elemente implantiert sind. Sie können aber, weil defizitär, nur auf die Annahme des Heils durch die römisch-katholisch Kirche „vorbereiten“.[28] Trinitarisch begründete Entwürfe einer neueren „Theologie der Religionen“, verbunden mit der „Hermeneutik des Anderen“, finden keine Berücksichtigung.[29]

Trotz der neuen kurialen Zuordnung der „Kommission für die religiösen Beziehungen mit dem Judentum“ zum „Päpstlichen Rat zur Förderung der Einheit der Christen“, wodurch ja das direkte Gespräch mit den „älteren Geschwistern“ gefördert werden soll, fehlt das theologische Nachdenken über die gegenseitige Beziehung der römisch-katholischen Kirche als ‚Volk Gottes‘ und Israels als ‚Volk Gottes‘. Das Gemeinsame gegenüber den anderen Religionen und auch die Stellung zur „Judenmission“ wird nicht klar thematisiert. Nicht geringe Erwartungen richten sich hier an Papst Benedikt XVI.

Das auf das Heil nur in der römisch-katholischen Kirche ausgerichtete Modell der „konzentrischen Kreise“ und die gestufte Elemententheorie haben also bislang konstitutive Bedeutung für diesen Bereich.

b. Die römisch-katholische Kirche und die evangelischen Kirchen

Dominus Iesus stellt eine Analogie zwischen der Einzigkeit und Heilsuniversalität Jesu Christi einerseits und der sichtbaren römisch-katholischen Kirche andererseits in das Zentrum: Sie zusammen bilden den einzigen „ganzen Christus“.[30] Mit CIC, c. 750 „ist fest zu glauben“: „Wie es nur einen einzigen Christus gibt, so gibt es nur einen einzigen Leib Christi“, der in der römisch-katholischen Kirche verwirklicht ist (subsistiert).[31] Daß

---

[28] VApS 148, Nr. 21.

[29] *Jürgen Werbick*, Der Anspruch auf „Vollständigkeit“ als antirelativistische Abwehrstrategie, in: *Michael J. Rainer* (Hg.), ‚Dominus Iesus‘. Anstößige Wahrheit oder anstößige Kirche?, Münster 2001, 134ff.

[30] VApS 148, Nr. 16.

[31] Ebd.

„außerhalb ihres sichtbaren Gefüges vielfältige Elemente der Heiligung und Wahrheit zu finden sind" bedeutet nach *Dominus Iesus* – so Anmerkung 56: das sei auch die „authentische Bedeutung" des Konzilstextes –, nicht „daß die einzige Kirche Christi auch in anderen christlichen Kirchen verwirklicht sein könnte. Das Konzil hingegen hatte das Wort ‚subsistit' gerade deshalb gewählt, um klarzustellen, daß nur eine einzige ‚Subsistenz' der wahren Kirche besteht, während es außerhalb ihres sichtbaren Gefüges lediglich ‚Elemente des Kircheseins' gibt, die – da sie Elemente derselben Kirche sind – zur katholischen Kirche tendieren und hinführen". Diese Interpretation des „verwirklicht in" geht deutlich in Richtung auf ein „est", auf die Selbstidentifikation der römisch-katholischen Kirche mit der Kirche Jesu Christi. „Kirchen und kirchliche Gemeinschaften", wie die reformatorischen Kirchen im „Ökumenismusdekret" (Nr. 19) bezeichnet werden, sind, weil sie „den gültigen Episkopat und die ursprüngliche und vollständige Wirklichkeit des eucharistischen Mysteriums nicht bewahrt haben", „nicht Kirchen im eigentlichen Sinn"[32] und auch nicht „Schwesterkirchen".

Mit ihrer zentralisierenden und monarchischen Konzeption von Gesamtkirche und Teilkirchen grenzt sich die lehramtliche Erklärung *Dominus Iesus* von einem Kirchenverständnis ab, das die geglaubte und bekannte „eine, heilige, katholische und apostolische Kirche" in verschiedenen institutionellen Gestalten und Organisationsformen verwirklicht sieht und darum die gegenseitige Anerkennung der Kirchen in versöhnender Verschiedenheit erklären kann. So tut es die evangelische Kirche.

Die theologische Klärung von Pluralität und der rechtliche Umgang mit Verschiedenheit, die ja immer kreative und innovative Bereicherung einschließen, stellt eine Herausforderung an die römisch-katholische Theologie und Kirche dar. In *Dominus Iesus* wird auch die im Anschluß an Kardinal Willebrands von Walter Kardinal Kasper eingebrachte Bezeichnung der reformatorischen Kirchen als anderer „Typ von Kirche" nicht aufgenommen. Ebenfalls findet die Differenzierung zwischen „kirchlichen Gemeinschaften" und „Kirchen" evangelischer Tradition,

---

[32] VApS 148, Nr. 17.

die ja die Konzilsväter offen ließen, keinen Eingang.[33] Die Nicht-Anerkennung der evangelischen Kirchen als Kirche Jesu Christi wurde in *Dominus Iesus* lehramtlich festgeschrieben. Der dogmatische und juridische inkludierende Exklusivismus des römisch-katholischen Kirchenverständnisses erfährt durch das Pontifikat Johannes Paul II. Bestätigung.

IV. Das Pontifikat Johannes Paul II. und seine kirchenrechtliche Wirkung

Die Spannung zwischen seelsorgerlicher Zeichensetzung und lehramtlicher Rechtsetzung führte im Pontifikat Johannes Paul II. zu einer Dominanz des Kirchenrechts über das pastorale Leben und zu einer Überlagerung des geistlichen Auftrags der Kirche durch die lehramtliche Gesetzgebung und den CIC (1983). Das macht die lehramtliche Erklärung *Dominus Iesus* deutlich.

1. Zentralisierung der römisch-katholischen Gesamtkirche

Trotz der betonten Entfaltung des römisch-katholischen Bischofsamtes[34] und der Ortskirchen innerhalb der Universalkirche in der „Dogmatischen Konstitution über die Kirche“ (Nr. 20–27) wird im „Schreiben an die Bischöfe der katholischen Kirche über einige Aspekte der Kirche als communio“ (28.05.1992) die „ontologisch und zeitlich vorausliegende Wirklichkeit“ der römisch-katholischen Gesamtkirche mit dem Papsttum vor den Teilkirchen festgestellt. Der Lehr- und Jurisdiktionsprimat des Papstes und des Bischofskollegiums mit ihm seien rechtliche Wesensele-

---

[33] *Peter Neuner*, Kirchen und kirchliche Gemeinschaften, in: *Michael J. Rainer* (Hg.), ‚Dominus Iesus‘. Anstößige Wahrheit oder anstößige Kirche?, Münster 2001, 196ff.

[34] Vgl. auch: *Georg Bier*, Die Rechtsstellung des Diözesanbischofs nach dem Codex Iuris Canonici von 1983, Würzburg 2001.

mente der Gesamtkirche. Das Amt des Petrusnachfolgers erweist sich damit sowohl als globaler Dienst, der jede Teilkirche „von außen“ erreicht, als auch „von innen her“ zum Wesen der Teilkirche gehörig. „Die Tatsache, daß das Amt des Petrusnachfolgers innerlich zum eigentlichen Kirchesein jeder Teilkirche gehört, ist notwendiger Ausdruck jenes schon erwähnten Verhältnisses grundlegender gegenseitiger Innerlichkeit zwischen Gesamtkirche und Teilkirchen.“[35] Die römisch-katholische Kirche zeigt sich als geschlossenes System unter und mit dem Papsttum. Das die Pluralität und Eigenverantwortung der Ortskirchen betonende Modell von Universalkirche und Ortskirchen wird zugunsten der zentrierenden Einheitsstruktur der Gesamtkirche verdrängt. Dogmatisch und rechtlich ist diese konstituiert im rechtsetzenden, unfehlbaren Papstprimat. Im CIC (1983), cc. 331ff wird sie als solche „iure divino“ festgeschrieben. Die instruktionstheoretische Gestalt der monarchischen römisch-katholischen Kirche hat im Papstprimat ihren Grund.

2. Lehrgesetzliche Bestimmungen

Die instruktionstheoretische Struktur der römisch-katholischen Kirche erfährt ihre Konkretion besonders in den lehrgesetzlichen Bestimmungen des CIC (1983), cc. 750–754. Zum Lehramt („munus docendi“) heißt es: All das, was im geschriebenen oder überlieferten Wort Gottes als dem einen der Kirche anvertrauten Glaubensgut (depositum fidei) enthalten und zugleich als von Gott geoffenbart vorgelegt wird – sei es vom feierlichen Lehramt der Kirche, sei es von ihrem ordentlichen und allgemeinen Lehramt – muß geglaubt werden (credenda sunt). Dem derart als übergeschichtlich konzipierten, in Satzwahrheiten zu fassenden „Glaubensgut“ (depositum fidei) gebührt Gehorsamspflicht in Fragen der Glaubens- und der Sittenlehre. In gestufter Folge wird kodikarisch festgelegt: Cc. 750ff sind zu glauben (credenda sunt), fest anzunehmen und zu bewahren (firmiter etiam amplectenda et retinenda sunt); es ist ihnen religiöser Verstandes- und

[35] VApS 107, Nr. 13.

Willensgehorsam entgegenzubringen (intellectus et voluntatis obsequium praestandum est) – unter Hinweis auf eine indefinite Strafe („iusta poena“ in c. 1371), mit der Ungehorsam belegt wird. Das offenbarungstheologische Wahrheitsverständnis als personale Beziehung der Glaubenden mit dem dreieinen Gott in Christus durch den heiligen Geist wird von der Instruktions- und Gehorsamsstruktur der römisch-katholischen Kirche überlagert. Während des Pontifikats Johannes Paul II. materialisiert sie sich im Glaubens- und Treueid (1989) und in der Bindung an das Lehramt durch *Ad tuendam fidem* (1998), in den Gehorsamsverpflichtungen der Erklärung *Dominus Iesus*, aber auch in der Nicht-Legalisierung des „Glaubenssinns“ der Laien (sensus fidelium) im CIC (1983).

3. Nicht-Legalisierung des Glaubenssinns der Laien

Die „Dogmatische Konstitution über die Kirche“ (Nr. 12) entfaltet den „Glaubenssinn der Gläubigen“ im Zusammenhang der Kirche als Volk Gottes und geistlicher Gemeinschaft (communio). Im Kapitel über die „Laien“ spricht sie von der „eigenen Verantwortung“ der Laien, wobei natürlich der Unterschied zwischen den Laien des gemeinsamen Priestertums der Gläubigen und dem geweihten dreistufigen Amtsordo „dem Wesen, nicht bloß dem Grade nach“ bestehen bleibt.[36] Bestimmungen zum „Glaubenssinn der Gläubigen“ als legale Bezeugungsinstanz des Glaubens sind in den CIC (1983) nicht aufgenommen worden. Seine Bedeutung für die von Melchior Cano[37] entwickelte Wechselbeziehung der Bezeugungsinstanzen Wort Gottes, Tradition, Theologie, päpstliches Lehramt und Glaubenssinn der Gläubigen, für die Lehrentwicklung und die Lehrfeststellung sowie für die Rezeption von Lehre und Verkündigung ist in die rechtlichen Regelungen nicht eingegangen.

Hervorzuheben ist, daß der Papst nach der „Dogmatischen Konstitution über die Offenbarung“, *Dei verbum* (Nr. 11) unter

---

[36] Lumen gentium, Nr. 10.

[37] *Melchior Cano*, De Locis Theologicis, 1563.

dem Wort Gottes steht. Im Spannungsverhältnis zwischen Verbindlichkeitsanspruch des päpstlichen Lehramtes und dem Verbindlichkeitsvorbehalt des Wortes Gottes in Fragen der Glaubens- und Sittenlehre eignet aber – wie u.a. Entscheidungen zu Druckerlaubnis und Lehrentzug zeigen – dem päpstlichen Lehramt doch Letztgültigkeit. Ihm gehört die „höchste, volle, unmittelbare und universale ordentliche Gewalt, die er immer frei ausüben kann“.[38] Aus sich heraus, nicht aus dem Konsens der Kirche (ex sese, non ex consensu ecclesiae) verkündet und verordnet der Papst lehramtliche Verlautbarungen zur Glaubens- und Sittenlehre im Sinne der Dogmatisierung des Unfehlbarkeits- und Jurisdiktionsprimat durch das I. Vatikanische Konzil: Diese erheben Offenbarungsanspruch nach göttlichem Recht. Lehr- und Rezeptionsprozesse werden durch den formalrechtlichen Akt der päpstlichen Promulgation rechtskräftig, so daß nur Gehorsam der Gläubigen die Folge sein kann. Der in der „Dogmatischen Konstitution über die Kirche“ beschriebene eigenverantwortliche Beitrag des „Glaubenssinns der Gläubigen“ als Bezeugungsinstanz entfällt. Auch von Rezeption des Priestertums der Gläubigen im eigentlichen Sinn, d.h. von Rezeption, die verantwortliches Prüfen, Kritik und Nicht-Rezeption einschließt, kann nicht die Rede sein. Die Gehorsamsstruktur dominiert.

Römisch-katholische Theologen wie u.a. Yves Congar[39] und Wolfgang Beinert,[40] selbst Teilnehmer am II. Vatikanischen Konzil, haben aus einem Kirchenverständnis als geistlicher Gemeinschaft (communio) heraus auf die widersprüchliche und unaufgearbeitete Frage des „sensus fidelium“ hingewiesen und für die Bedeutung des Glaubenssinns der Gläubigen in den Lehr- und Rezeptionsprozessen plädiert. Die römisch-katholische Kirchenrechtlerin Sabine Demel weist auf einen „dringlichen Handlungsbedarf“[41] bei der rechtlichen Umsetzung des Glau-

---

[38] CIC, c. 331.

[39] *Yves Congar*, La „reception“ comme réalité ecclesiologique, in: RSPhTh 56, 172, 369ff.

[40] *Wolfgang Beinert*, Die Rezeption und ihre Bedeutung für Leben und Lehre der Kirche, in: Cath 44 (1990), 109ff.

[41] *Sabine Demel*, Dringlicher Handlungsbedarf. Der Glaubenssinn des Gottesvolkes und seine rechtliche Übersetzung, in: HerKorr 58 (2004), 618ff.

benssinns der Gläubigen hin und macht konkrete Vorschläge für seine Aufnahme in den CIC (1983). So könne etwa in cc. 747, 212 § 1, 208–223 die „eigene Verantwortung" der gläubigen Laien gestärkt werden.

Die Spannung im römisch-katholischen Kirchenverständnis zwischen geistlicher Gemeinschaft (communio) und hierarchisch geordneter Gesellschaft (societas hierarchice ordinata) hat sich in die Richtung entwickelt, daß die geistliche communio von der lehramtlich geregelten Rechtsgestalt der hierarchischen societas überlagert worden ist.

4. Der Mittelpunkt konzentrischer Kreise

Diese Spannungen innerhalb des römisch-Katholischen Kirchenverständnisses kumulieren im Verständnis des „subsistit in" der „Dogmatischen Konstitution über die Kirche" (Nr. 8) mit seinen rechtlichen Folgen nach innen und nach außen. Wird das „subsistit in" als „verwirklicht in", „ist da in" (adest) – im Gegensatz zum identifikatorischen „ist" (est) in der Enzyklika *Mystici corporis christi* (1943) – interpretiert, so erweist es sich als Öffnungsklausel, indem sich die römisch-katholische Kirche in der ökumenischen Gemeinschaft mit den anderen Kirchen versteht, weil „außerhalb ihres Gefüges vielfältige Elemente der Heiligung und der Wahrheit zu finden sind", die allerdings „als der Kirche Christi eigene Gaben auf die katholische Kirche hindrängen". Die ekklesiale Qualität anderer Kirchen, selbst wenn sie nicht als Kirchen im römisch-katholischen Sinn anerkannt werden, wird als Gemeinschaft (communio) des Glaubens an den dreieinen Gott beschrieben, der sich in Jesus Christus, wahrer Gott und wahrer Mensch, durch den heiligen Geist zum Heil der Menschen offenbart, der durch die Taufe alle Glaubenden in der geglaubten und bekannten „einen, heiligen, katholischen und apostolischen Kirche" miteinander verbindet, weil er es ist, der ihnen im Gottesdienst am Ort durch Wort und Sakrament das Heil in Zeit und Ewigkeit schenkt.

Wird das „subsistit in" demgegenüber in Richtung auf ein „ist" interpretiert, wie während des Pontifikats Johannes Paul II.

in der Erklärung *Dominus Iesus*, so erweist es sich als Verabsolutierung der römisch-katholischen Kirche. *Dominus Iesus* stellt lehrgesetzlich, d.h. zugleich den Gehorsam der Gläubigen fordernd, fest, daß das analoge Verhältnis von Christus und der römisch-katholischen Kirche zusammen den einzigen „ganzen Christus“ bildet, wodurch das Gegenüber von Christus und Kirche in den Hintergrund rückt, daß weiter in der römisch-katholischen Kirche sich die Menschwerdung Christi fortsetzt, was das Mißverständnis einer Vorstellung von der Kirche als „verlängertem Christus“ (Christus prolongatus) erneuert und die Heilsteilgabe durch die römisch-katholische Kirche verstärkt. Die „authentische“ Interpretation des „subsistit in“ mit seiner Abgrenzung in Anmerkung 56 schließlich tendiert zu einem Verständnis als identifizierendem „ist“: Die Kirche Jesu Christi ist mit der hierarchisch unter und mit dem Papst nach göttlichem Recht organisierten römisch-katholischen Kirche identisch. Ausgrenzend werden die reformatorischen Kirchen als „Kirchen nicht im eigentlichen Sinn“, d.h. in undifferenzierter Weise als Nicht-Kirchen gekennzeichnet. Die Interpretation des „subsistit in“ hat durch die Interpretationsautorität des päpstlichen Lehramtes mit dem CIC (1983) und der lehramtlichen Erklärung *Dominus Iesus* die Richtung in eine Selbstverabsolutierung der sichtbaren römisch-katholischen Kirche als rechtlich-institutioneller, hierarchischer Gesellschaft eingeschlagen.

Gewiß liegen in einem sich öffnenden Verständnis des „subsistit in“ auch die seelsorgerlichen Zeichensetzungen und die Begegnungen des geistlichen Hirten Papst Johannes Paul II. mit den Vertretern anderer Kirchen, Religionen und weltlichen Repräsentanten begründet. Diese geistliche Öffnung nach außen wird aber letztlich überlagert von dem inkludierenden Exklusivismus des römisch-katholischen Kirchenverständnisses, wie es im Modell der gestuften „konzentrischen Kreise“ zum Ausdruck kommt, das immer – wie der CIC (1983) und *Dominus Iesus* nachweisen – rechtlich qualifiziert ist.

V. Resümee

Das lange Pontifikat Johannes Paul II. ist geprägt von diesem Papst als geistlichen Hirten und als lehramtlichen Gesetzgeber. In seinen Predigten war er ein Zeuge des Evangeliums. Auf seinen pastoralen Pilgerreisen in viele Länder dieser Erde, durch seine Zeichensetzungen und durch seine Begegnungen mit den Vertretern anderer christlicher Kirchen, anderer Religionen und mit den politischen und gesellschaftlichen Repräsentanten in aller Welt öffnete er die römisch-katholische Kirche nach außen. Dies geschah entsprechend dem gestuften „Modell konzentrischer Kreise“ römisch-katholischen Kirchenverständnisses, das durch seinen inkludierenden Exklusivismus den rechtlichen Rahmen und die Grenzen dieser Öffnung anzeigt. Zugleich ist sein Pontifikat geprägt von einer kurialen Zentrierung nach innen, die in den kodikarischen Rechtssetzungen und in den lehramtlichen Entscheidungen dieses Papstes ihren Ausdruck findet. Diese Spannung hat ihren Grund in der doppelten Basis des römisch-katholischen Kirchenverständnisses: einerseits als geistliche Gemeinschaft (communio) des dreieinen Gottes und andererseits als hierarchisch geordnete Gesellschaft in der „Dogmatischen Konstitution über die Kirche“. Es handelt sich um eine Spannung, die für Interpretationen offen ist. Mittels der lehramtlichen Interpretationsautorität des Papstes hat das Kirchenverständnis einer rechtlich strukturierten hierarchischen Gesellschaft das einer geistlichen Gemeinschaft des dreieinen Gottes überlagert. Der CIC (1983) wurde als Interpretationsrahmen für das II. Vatikanische Konzil und seine Verlautbarungen festgelegt,[42] wie die lehramtliche Erklärung *Dominus Iesus* konsequent und – aus evangelischer Perspektive – enttäuschend feststellt. Die Möglichkeiten eines „aggiornamento“ des II. Vatikanischen Konzils blieben im Pontifikat Johannes Paul II. unabgegolten.

Innerrömisch-katholisch betrifft das erstens die communio-Gestalt der römisch-katholischen Kirche und ihre subsidiäre Struktur, zweitens das Gestaltwerden der geglaubten und bekannten universalen Kirche Jesu Christi in eigenverantwortlichen Ortskirchen, drittens das kollegiale, auch kritische Mitwirken

[42] CIC (1983), c. 204 § 2.

und Mitentscheiden der Bischöfe mit dem päpstlichen Lehramt und viertens den Glaubenssinn des Priestertums der Gläubigen.

Ökumenisch betrifft das erstens die Deutung des „defectus sacramenti ordinis“ als Mangel, zweitens die Qualifizierung der reformatorischen „Kirchen und kirchlichen Gemeinschaften“ als anderer „Typ von Kirche“, drittens die eucharistische Gastfreundschaft für konfessionsverbindende Ehen und ökumenisch verbindlich lebende Gruppen und damit insgesamt die gegenseitige Anerkennung als Kirchen, die in versöhnender Verschiedenheit das Evangelium in Wort und Tat verkündigen, damit die Welt glaubt.

Die kodikarischen und lehrgesetzlichen Bestimmungen im Pontifikat Johannes Paul II. haben dies verhindert. Hoffnungen sind auf römisch-katholische Theologen[43] gerichtet und begrenzte Erwartungen an Papst Benedikt XVI.

---

[43] *Peter Hünermann*, Der übersehene ‚Text‘. Zur Hermeneutik des Zweiten Vatikanischen Konzils, in: Conc 41 (2005), 434ff.

Heinrich J.F. Reinhardt

Ökumenische Perspektiven der katholischen Kirchenverfassung

Vorbemerkungen

Im ökumenischen Dialog, der seit Jahrzehnten vor allem bilateral zwischen den verschiedenen christlichen Kirche geführt wird, stellt sich seit einiger Zeit die Frage, ob die vielen von den Theologen erarbeiteten Konsenstexte über die verschiedensten Aspekte des kirchlichen Lebens nicht in irgendeiner Form zu verbindlichen Vereinbarungen zwischen den Kirchenleitungen führen könnten. Solche Vereinbarungen könnten, wenn das Vereinbarte fundiert ist und trägt, zu Kirchengemeinschaften führen, insbesondere aber eine Abendmahlsgemeinschaft ermöglichen. Im innerevangelischen Bereich gibt es die sogenannte Leuenberger Kirchengemeinschaft als Modell. Diese Kirchengemeinschaft ist allerdings auf der Grundlage gleichwertiger Bekenntnisse und verfassungsrechtlich gleichrangiger Orientierungsgrößen entstanden und läßt sich in dieser Weise sicher nicht auf andere christliche Konfessionen mit anderen Verfassungsdeterminanten übertragen. Deshalb spricht man bei letzterem von „gestuften", also sukzessiv anzugehenden, oder „partiellen", d.h. nicht alle Fragen umfassend regeln wollenden Wegen zu Kirchengemeinschaften.[1] Auch im Hinblick auf die katholische Kirche scheint ein derartiges Ziel grundsätzlich angehbar, obwohl es natürlich große Hürden gibt. Diese Hürden sind das Selbstverständnis der katholischen Kirche, die eine wahre Kirche Christi zu verwirklichen, die episkopale Kirchenverfassung und die universelle Leitung durch den Papst.

Unser Symposion will einen Überblick über das Pontifikat des Papstes Johannes Paul II. geben und der Frage des Erreichten

---

[1] Vgl. hierzu auch *Heinrich J.F. Reinhardt*, Gestufte Kirchengemeinschaft? Kanonistische Überlegungen, in: Catholica 59 (2005), 204–216.

seines ökumenischen Engagements nachgehen. In Erinnerung ist uns allen der Papstbesuch in Deutschland und seine Bitte, auszuloten, was etwa an früheren Lehrverurteilungen heute noch kirchentrennend ist und was nicht. Dazu wurden von hochkarätigen Theologen entsprechende Arbeiten vorgelegt, die auch von den Kirchenleitungen in Deutschland gewürdigt wurden.[2] Das war in den 1980er Jahren. Es folgten in den 1990er Jahren Text und Reflexion über die „Gemeinsame Erklärung zur Rechtfertigungslehre“,[3] dann das von einer bilateralen Arbeitsgruppe der DBK und der VELKD erarbeitete Dokument „Communio sanctorum“[4] und schließlich im Jahr 2003 die „Charta oecumenica“.[5]

Von Papst Johannes Paul II. selbst ist die Enzyklika *Ut unum sint* von 1995[6] und vom Einheitssekretariat das Ökumenische

---

[2] *Karl Lehmann/Wolfhart Pannenberg* (Hg.), Lehrverurteilungen – kirchentrennend? I. Rechtfertigung, Sakramente und Amt im Zeitalter der Reformation und heute, Freiburg i.Br./Göttingen 1986; Stellungnahme einer Arbeitsgruppe der Glaubens- und Ökumenekommission der Deutschen Bischofskonferenz vom 26.05.1987, in: *Sekretariat der Deutschen Bischofskonferenz* (Hg.), Ökumenischer Dialog über Kirchengemeinschaft in Wort und Sakrament, Bonn (= Arbeitshilfen Nr. 59); *Sekretariat der Deutschen Bischofskonferenz* (Hg.), Stellungnahme der Deutschen Bischofskonferenz zur Studie „Lehrverurteilungen – kirchentrennend?“ vom 21.06.1994, Bonn; Stellungnahme des gemeinsamen Ausschusses der Vereinigten Evangelisch-Lutherischen Kirche Deutschlands und des Deutschen Nationalkomitees des Lutherischen Weltbundes zum Dokument „Lehrverurteilungen – kirchentrennend?“, in: *Lutherisches Kirchenamt* (Hg.), Texte aus der VELKD 42/1991, Hannover.

[3] Gemeinsame Erklärung zur Rechtfertigungslehre. Gemeinsame offizielle Feststellung. Anhang (Annex) zur Gemeinsamen Offiziellen Feststellung, Frankfurt a.M./Paderborn 1999; Gemeinsame Offizielle Feststellung des Lutherischen Weltbundes und der katholischen Kirche in Verbindung mit „Anhang“ zur Gemeinsamen Erklärung zur Rechtfertigungslehre, in: epd – Dokumentation Nr. 24/99 vom 07.06.1999, 49–51.

[4] *Bilaterale Arbeitsgruppe der Deutschen Bischofskonferenz und der Kirchenleitung der Vereinigten Evangelisch-Lutherischen Kirche Deutschlands*, Communio sanctorum. Die Kirche als Gemeinschaft der Heiligen, Paderborn/Frankfurt a.M. ²2000.

[5] *Arbeitsgemeinchaft Christlicher Kirchen in Deutschland e.V.* (Hg.), Charta Oecumenica. Leitlinien für die wachsende Zusammenarbeit unter den Kirchen in Europa vom 21.04.2001, Arbeitshilfe Juli 2002.

[6] Enzyklika *Ut unum sint* von *Papst Johannes Paul II.* vom 25.05.1995, in: Acta Apostolicae Sedis 87 (1995) 921–982; dt. Übersetzung hg. vom *Sekretariat der Deutschen Bischofskonferenz*, Bonn 1995 (= Verlautbarungen des Apostolischen Stuhls 121).

Direktorium II von 1993.[7] Alle genannten Schreiben – Konsenstexte und Vereinbarungen – zeigen das große Bemühen unserer Kirchen, in der Ökumene weiterzukommen. Ein Weg zur Kirchengemeinschaft, und sei es zur partiellen, erscheint allerdings noch nicht in Sicht.

Die Anglikanische Kirche – jedenfalls einige ihrer Bischöfe – und neuerlich auch die Altkatholische bzw. in der Schweiz die Christkatholische Kirche scheinen hier etwas weiter zu gehen. Ergebnisse diesbezüglicher Dialoge sind jedoch schwer prognostizierbar.

Ich möchte in einer Replik die in der katholischen Kirche seit dem Zweiten Vatikanischen Konzil geltenden kanonistischen Eckpfeiler für den ökumenischen Dialog in Erinnerung rufen. Sie zeigen den erreichten Erfolg und die derzeitigen Grenzen, aber auch Ansätze und Wege, in der Ökumene weiterzukommen. Die folgenden Überlegungen sollen jene Aspekte der Kirchenverfassung der katholischen Kirche in den Vordergrund stellen, die ad extra, d.h. auf die anderen christlichen Konfessionen gerichtet sind und die die Möglichkeiten und Grenzen des ökumenischen Dialogs aufzeigen.

I. Der ekklesiologische Paradigmenwechsel des Zweiten Vatikanischen Konzils

Ein großes Anliegen des Zweiten Vatikanischen Konzils war zweifelsohne die Ökumene. Dem stand die bisherige absolute Gleichsetzung der einen Kirche Jesu Christi, d.h. der Kirche aller Getauften, mit der Ecclesia catholica entgegen. Die Modifizierung des bisherigen „est" in das „subsistit" (*Lumen gentium*, Art. 8) ermöglichte die Anerkennung der anderen christlichen Konfessionen. Die drei bisher mit der Kirche Jesu Christi verbunde-

[7] *Sekretariat der Deutschen Bischofskonferenz 1993* (Hg.), Päpstlicher Rat zur Förderung der Einheit der Christen, Direktorium zur Ausführung der Prinzipien und Normen über den Ökumenismus vom 25.03.1993, aus dem amtlichen französischen Text ins Deutsche übertragen vom Johann-Adam-Möhler-Institut für Ökumenik, Paderborn (= Verlautbarungen des Apostolischen Stuhls 110).

nen, in Anlehnung an Robert Bellarmin (1542–1621) entwickelten vincula, das vinculum symbolicum (Glaubensbekenntnis), das vinculum liturgicum (Sakramente) und das vinculum hierarchicum (die Einheit mit dem Papst) wurden an die plena communio der katholischen Kirche gebunden und stehen seither als Meßlatte für eine mögliche partielle Kirchengemeinschaft anderer Konfessionen mit der katholischen Kirche sowie für die communicatio in sacris bei übereinstimmendem Sakramentenverständnis. Nichtkatholische Christen sind nicht mehr Häretiker oder Schismatiker, sondern „fratres seiuncti plenam communionem cum Ecclesia catholica non habentes".[8] Sie werden durch die Taufe in die eine Kirche Jesu Christi und zugleich in ihre eigene Konfession eingegliedert, in der sie ihre christliche Existenz verwirklichen. Dieser Paradigmenwechsel hat auch jurisdiktionelle Konsequenzen.

II. Die Folgen des Paradigmenwechsels in jurisdiktioneller Hinsicht

Die Folgen des genannten Paradigmenwechsels gestalten sich im Hinblick auf die orthodoxen und die ihnen rechtlich gleichgestellten Kirchen (z.B. die Altkatholiken) anders als im Hinblick auf die Kirchen der Reformation.

Das Ökumenismusdekret *Unitatis redintegratio* des Zweiten Vatikanischen Konzils hat in Artikel 16 festgelegt, daß die Kirchen des Orients die Fähigkeit haben, sich nach ihren eigenen Ordnungen zu regieren. Dies wird in feierlicher Form erklärt. Der Grund ist die in den orthodoxen Kirchen bewahrte Kirchenverfassung, an deren Spitze sich in der apostolischen Sukzession stehende Bischöfe befinden, die diese Kirchen leiten. In dem Rundschreiben *Euntes in mundum* vom 25.01.1988 (Nr. 10)[9]

---

[8] Vgl. *Heinrich J.F. Reinhardt*, Reflexionen zur ekklesiologischen Stellung der nichtkatholischen Christen im CIC/1983, in: *André Gabriels/Heinrich J.F. Reinhardt* (Hg.), Ministerium Justitiae, FS für Heribert Heinemann zum 60. Geburtstag, Essen 1985, 105–115.

[9] In: Acta Apostolicae Sedis 80 (1988), 935–956 (949–950).

stellt Papst Johannes Paul II. fest, daß diese Autonomie der orthodoxen Kirchenvorsteher nicht Folge von Privilegien ist, die die Kirche von Rom ihnen gewährt, sondern des „Grundgesetzes selbst, das diese Kirchen seit Apostelzeiten besitzen".[10] Diese Jurisdiktionsanerkennung ist eine rückwirkende bis zur Spaltung im Jahre 1054.[11] Sie bedeutet eine Freistellung orthodoxer Christen von der bis dahin für sie urgierten Jurisdiktion der katholischen Kirche. Im Kontext dieser Anerkennung wurden auch die früheren gegenseitigen Exkommunikationen aufgehoben. Konkret erfolgte die Jurisdiktionsfreistellung in c. 11 des Codex Iuris Canonici von 1983, der nur noch jene an die rein kirchlichen Gesetze der Katholischen Kirche bindet, die in der Katholischen Kirche getauft oder später als Getaufte in sie aufgenommen wurden.[12]

Im Hinblick auf die Kirchen der Reformation erfolgte ebenfalls eine Anerkennung der Jurisdiktion ihrer Kirchenoberen gegenüber ihren eigenen Gläubigen und deren Freistellung von den rein kirchlichen Gesetzen der katholischen Kirche. Der Rechtsgrund hierfür ist aber ein anderer. Er liegt in den Kirchenverfassungen der reformatorischen Kirchen. In dem Bericht der gemeinsamen Römisch-katholischen/Evangelisch-lutherischen Kommission über ihren Dialog im Jahre 1981 wird dies genauer begründet. In Nr. 42 dieses Berichtes heißt es:

„Die lutherischen Bekenntnisse wollten die bischöfliche Verfassung der Kirche und damit die Differenzierung im Amt beibehalten in der Erwartung, daß die rechte Verkündigung des Evangeliums und die rechte Verwaltung der Sakramente durch sie ermöglicht und freigegeben und nicht durch formale Gehorsamsforderung verhindert werde. Die Unmöglichkeit, zu dieser Zeit ein Einverständnis in der Lehre zu erreichen und die bisherigen Bischöfe für die Ordination evangelischer Amtsträger zu gewinnen, führte zum erzwungenen Verzicht auf die Kontinuität der

---

[10] Deutsche Übersetzung in: *Sekretariat der Deutschen Bischofskonferenz* (Hg.), Verlautbarungen des Apostolischen Stuhls Nr. 83, Bonn 1988, 19.

[11] Vgl. *Ivan Zuzek*, Hat die katholische Kirche die Jurisdiktion der orthodoxen Bischöfe nach dem Zweiten Vatikanischen Konzil anerkannt oder nicht?, in: Österreichisches Archiv für Kirchenrecht 22 (1971), 109–128.

[12] Der CIC 1917 band in c. 12 noch alle Getauften an die rein kirchlichen Gesetze der katholischen Kirche mit Ausnahme der eherechtlichen Normen über die Formpflicht (c. 1099) und über die Hindernisse der Konfessions- und Religionsverschiedenheit (cc. 1060 und 1070).

bisherigen Ordnung. In dieser Notsituation erschien die Einsetzung von Amtsträgern durch nicht-bischöfliche Amtsträger oder sogar durch die Gemeinde legitim, wenn sie ‚rite', d.h. hier: offensichtlich und im Namen der ganzen Kirche geschah."[13]

Das Fehlen von in der apostolischen Sukzession stehenden Bischöfen in den meisten Kirchen der Reformation ermöglichte es der katholischen Kirche nicht, den Weg in der Jurisdiktionsfrage zu gehen, wie er mit den orthodoxen Kirchen möglich war. Deshalb wurde die Jurisdiktionsanerkennung der Kirchenoberen der reformatorischen Kirchen zwar auch ausgesprochen, aber anders begründet, und zwar:

– mit der auf dem Konzil selbst erfolgten Anerkennung der kirchenbildenden Elemente in den Kirchen der Reformation,

– mit dem Wesen und der Heilsbedeutung der reformatorischen Kirchen und

– mit der Gewohnheitsrechtsbildung, die auch den reformatorischen Kirchen zugebilligt wird.[14]

Trotz der unterschiedlichen Begründungen für die Jurisdiktionsanerkennung der verschiedenen Konfessionen gibt es keine Unterschiede in den Rechtsfolgen der Anerkennung. Alle nichtkatholischen Christen verwirklichen ihre christliche Existenz in ihren Konfessionen und sind an die eigenen Gesetze gebunden. Im kanonischen Eherecht hat dies z.B. weitreichende Konsequenzen. Ehen von nichtkatholischen Christen, die geschieden

---

[13] Abgedruckt in: *Harding Meyer/Damaskinos Papandreou/Hans Jörg Urban/ Lukas Vischer* (Hg.), Dokumente wachsender Übereinstimmung. Sämtliche Berichte und Konsenstexte interkonfessioneller Gespräche auf Weltebene, Bd. 1 (1931–1982), Paderborn/Frankfurt a.M. 1983, 329–357, 344.

[14] So jedenfalls die Mehrheitsmeinung bei den Kanonisten: vgl. etwa *Remigiusz Sobánski*, Ökumenismus und Verwirklichung der Grundrechte der Getauften, in: *Eugenio Corecco u.a.* (Hg.), Akten des IV. Internationalen Kongresses für Kirchenrecht, Freiburg/Mailand 1981, 718–723, vgl. auch die Diskussion in der Kodexreformkommission, in: Communicationes 9 (1977), 127; ebenso die Ausführungen von *Joseph Prader*, Interrituelle, interkonfessionelle und interreligiöse Probleme im Eherecht des neuen CIC, in: Archiv für katholisches Kirchenrecht 152 (1983), 408–464 (449), sowie *Hubert Socha*, in: Münsterischer Kommentar zum CIC, c. 11 Rdn. 13 (Literatur!). Nur eine Mindermeinung vertritt die Ansicht, daß innerevangelische Weisungen nur Rechtskraft aufgrund ausdrücklicher Ermächtigung durch die katholische Kirche erlangen (eben durch die Festlegung in c. 11 CIC/1983); so etwa *Urbano Navarrete*, Competentia ecclesiae in matrimonium baptizatorum eiusque limites, in: Periodica de re morali canonica liturgica 67 (1978), 95–115 (106).

werden und von denen ein Partner nun einen Katholiken heiraten will, werden vom katholischen Ehegericht hinsichtlich ihres gültigen Zustandekommens, bezogen auf die Eheschließungsform und auf die rein kirchlichen Ehehindernisse, nach dem Eherecht der eigenen Kirchen beurteilt und nicht mehr nach den Normen des katholischen Eherechts. Aber nicht nur für die Judikative, sondern auch für die Exekutive im Eherecht sind Konsequenzen gezogen worden, und zwar in dem Gesetzbuch der mit Rom unierten Kirchen des Ostens, im Codex Canonum Ecclesiarum Orientalum (CCEO) von 1990. Dort wird in c. 780 für den Abschluß von konfessionsverschiedenen Ehen zwischen Katholiken und nichtkatholischen Christen auch die Einhaltung der jeweiligen Rechtsnormen gefordert, an die die nichtkatholischen Christen gebunden sind. Diese Lösung wirft in der Praxis zwar große Probleme auf,[15] zeigt sich aber konsequent in der Anerkennung der Jurisdiktionszuständigkeit der nichtkatholischen Kirchenoberen gegenüber ihren Gläubigen.

Inzwischen entwickelt sich im katholischen Eherecht eine neue Disziplin, die mit dem Titel „interkonfessionelles“ bzw. „interrituelles“ oder „interekklesiales“ Eherecht bezeichnet wird. Im wesentlichen – das ist die immer größer werdende Erkenntnis – scheint bei den schwierigen Rechtsfragen im Eherecht nur ein differenziertes Vertragsrecht zwischen den Konfessionen Abhilfe zu bringen.[16]

---

[15] Vgl. *Heinrich J.F. Reinhardt*, Anfragen an das interrituelle und interkonfessionelle Eherecht der katholischen Kirche, in: *Wilhelm Geerlings/Max Seckler* (Hg.), Kirche sein, FS für Hermann Josef Pottmeyer, Freiburg/Basel/Wien 1994, 383–394.

[16] Beispiele dieser Art sind etwa das „Agreement between the Catholic Church and the Malankara Syrian Orthodox Church on Inter-Church Marriages“ mit den entsprechenden „Guidelines“ dazu vom 25.01.1994 (bisher unveröffentlicht) sowie *Sekretariat der Deutschen Bischofskonferenz/ Griechisch-Orthodoxen Metropolie in Deutschland* (Hg.), die von der Gemeinsamen Kommission der Griechisch-Orthodoxen Metropolie von Deutschland und der römisch-katholischen Kirche in Deutschland erstellten Vereinbarung über die „Ehen zwischen orthodoxen und katholischen Christen“ von 1993.

III. Die „Konversion" von Katholiken zu anderen nichtkatholischen Konfessionen

Wenn der Begriff „Konversion" in diesem Zusammenhang gebraucht wird, ist er dem ökumenischen Dialog geläufig, nach katholischem Kirchenrecht aber sachlich falsch. Ein Katholik, der sich einer anderen christlichen Konfession als der katholischen zuwendet und dort seine christliche Existenz verwirklichen will, ist und bleibt ein „abgefallener" Katholik mit den dafür vorgesehenen Sanktionen. Das wirft einerseits die Frage nach der Abgrenzung der „fratres seiuncti" von den Häretikern und Schismatikern auf, andererseits grenzt dies die Anerkennung der Jurisdiktion nichtkatholischer Kirchenoberen gegenüber den Christen ein, die durch Konversion zu ihnen wechselten, aber ehemals der katholischen Kirche angehörten. Abgesehen von diesen Schwierigkeiten wird der Sachverhalt selbst, d.h. die bestehende kirchenrechtliche Sanktion innerhalb der Kanonistik kontrovers diskutiert. Dazu einige Anmerkungen:

Die Anerkennung der nichtkatholischen Christen durch das zweite Vatikanische Konzil war zugleich eine Abkehr der früheren Gleichsetzung dieser „von der katholischen Kirche abgefallenen Christen" mit Häretikern und Schismatikern. Das Ökumenismusdekret des Konzils bezeichnet nichtkatholische Christen statt dessen als „fratres seiuncti", später kam der Zusatz hinzu „plenam communionem cum Ecclesia catholica non habentes". Für das frühere „Fehlverhalten" entschuldigt sich das Konzil ausdrücklich (*Unitatis redintegratio* Art. 7). Die Folge dieser Entwicklung: Der CIC 1983 beansprucht keine Jurisdiktion mehr über nichtkatholische Christen, folglich unterliegen diese auch nicht mehr dem Strafrecht der katholischen Kirche. Die Normen des Strafrechts sind „leges mere ecclesiasticae" und gelten nur für Katholiken. Auch wenn sie sich von der katholischen Kirche losgesagt haben und ggf. zu einer anderen christlichen Kirche übergewechselt sind, gelten diese Strafnormen für sie weiterhin. Das ergibt sich aus c. 11 CIC 1983. In der Codex-Reformkommission (in der Plenaria von 1981) wurde vorgeschlagen, in den c. 11 den Zusatz „nisi actu formali ab Ecclesia defecerint" aufzunehmen, da c. 11 sonst für Abgefallene wie ein Zwangsmittel angesehen werden müsse und außerdem in Spannung stehe zu Aussagen des Dekrets des Zweiten Vatikanischen Konzils über die Religionsfreiheit.

Dieser Vorschlag wurde mehrheitlich abgelehnt. Begründet wurde die Ablehnung damit, daß diesem Ansinnen das theologische Konzept einer „Kirche der freien Gefolgschaft“, wie es Josef Klein vertreten hat, zugrunde läge. Danach könne sich jeder selbst durch Abfall von der Verpflichtung eines kirchlichen Gesetzes entbinden.[17]

Es blieb also bei der Festlegung, daß für abgefallene Katholiken die Normen des katholischen Kirchenrechts weiterhin gelten, hier insbesondere jene Rechtsbeschneidungen im kirchlichen Strafrecht wie z.B. die Exkommunikation bei Glaubensdelikten (c. 1364 CIC).

Auch die ungelöste Spannung mit dem Konzilsekret über die Religionsfreiheit (*Dignitatis humanae*) wird unter Kanonisten kontrovers diskutiert. Remigiusz Sobánski, Kanonist in Warschau, sieht in der Nichtaufnahme des vorgeschlagenen Zusatzes einen Verstoß gegen die Religionsfreiheit.[18] Auch Heinrich Mussinghoff, ein weiterer Autor von Rang, geht von dem in den Codex selbst aufgenommenen Recht auf Religionsfreiheit (c. 748 § 2) aus. Seine Maxime lautet: „Glaubens- und Gewissensfreiheit gilt absolut, d.h. auch gegenüber dem katholischen Glauben, d.h. auch gegenüber der absoluten Wahrheit.“[19]

Mit dieser Diskussion einher geht eine strafrechtliche Kontroverse um die Rechtsqualität der Exkommunikation bei Glaubensdelikten (c. 1364 § 1 CIC). Bisher gilt die Exkommunikation als eine Beuge- oder Besserungsstrafe (poena medicinalis)

---

[17] Vgl. Relatio complectens synthesim animadversionum, ab Em.mis atque Exc.mis Patribus commissionis ad novissimum Schema CIC exhibitarum, cum responsionibus a Secretaria et Consultoribus datis, Rom 1981, zu c. 11; vgl. hierzu auch *Klaus Lüdicke*, Die Kirchengliedschaft und die plena communio. Eine Anfrage an die dogmatische Theologie aus der Perspektive des Kirchenrechts, in: *Klaus Lüdicke u.a.* (Hg.), Dienst am Menschen, FS für Hugo Schwendenwein, Graz/Köln/Wien 1986, 377–391.

[18] Vgl. *Remigiusz Sobánski*, L'ecclésiologie du nouveau code de droit canonique, in: *Michel Thériault/Jean Thorn* (Hg.), Le nouveau code de droit canonique. Actes du Ve Congrès international de droit canonique, organisé par l'Université d'Ottawa du 19 au 25 août 1984, Bd. 1, Ottawa 1986, 243–270.

[19] *Heinrich Mussinghoff*, in: Münsterischer Kommentar zum CIC, c. 748, Rdn. 4.

mit dem Ziel, den Täter zur Rechtsordnung der Kirche zurückzuführen. Das ist in anderen Disziplinarfragen legitim, aber in Fragen des persönlichen Glaubens fragwürdig. Daher hat etwa Libero Gerosa – ihm sind hierin andere gefolgt[20] – den Vorschlag unterbreitet, bei Glaubensdelikten von einem „Selbstausschluß“ des Täters zu sprechen. Die Kirche hat in Glaubensfragen zum Schutze der „communio fidei et fidelium“ Grenzen aufzuzeigen, die das eigene Proprium umschreiben. Wer diese Grenzen überschreitet, schließt sich selbst aus. Er kann nicht zur Rückkehr gezwungen werden. Eine logische Konsequenz wäre die Entlassung des Betreffenden aus der Jurisdiktion der katholischen Kirche. Dies ist aber – wie dargelegt – nicht erfolgt.

Von Bedeutung ist dieser Sachverhalt für die Ökumene deshalb, weil sie die Grenzen der Bezeichnung „nichtkatholische Christen“ als „fratres seiuncti“ deutlich macht. Diese Bezeichnung trifft nicht zu für Katholiken, die sich einer anderen christlichen Konfession zuwenden. Anders gesagt: „Fratres seiuncti“ sind Häretiker und/oder Schismatiker erst ab der 2. Generation ihrer Trennung von der katholischen Kirche. Die 1. Generation der Katholiken bleibt in der Jurisdiktion der katholischen Kirche und unterliegt dem kirchlichen Strafrecht. Die Folge dieser Rechtslage: Die Anerkennung der Jurisdiktion etwa orthodoxer Kirchenführer gegenüber ihren Gläubigen bezieht sich nicht auf die Gläubigen, die von der katholischen Kirche zur Orthodoxie übergetreten sind. Ehemalige katholische Priester, die jetzt altkatholische Pfarrer oder Bischöfe sind, unterstehen trotz ihres Übertritts nach wie vor der Jurisdiktion der katholischen Kirche. Dasselbe gilt für ehemalige katholische Priester, die einer anderen christlichen Konfession beigetreten sind. Eine andere Rechtssituation erfährt erst die nächste Generation und alle folgenden Generationen. Unbeschadet dessen bleiben die Konfessionen, denen sie jetzt angehören, als solche anerkannt. Eine Kirchenge-

---

[20] Vgl. *Libero Gerosa*, Ist die Exkommunikation eine Strafe?, in: Archiv für katholisches Kirchenrecht 154 (1985), 83–120; *ders.*, Communio – Excommunicatio. Zur theologischen und rechtlichen Natur der Exkommunikation, in: *Reinhild Ahlers/ Peter Krämer* (Hg.), Das Bleibende im Wandel, Paderborn 1990, 105–119; vgl. auch *Klaus Lüdicke*, in: Münsterischer Kommentar zum CIC, Einführung vor c. 1311, Rdn. 12–14.

meinschaft mit ihnen hängt grundsätzlich nicht von der Zahl der im Jurisdiktionsbereich der katholischen Kirche bleibenden Christen oder Priester ab. Dennoch wird diese Zahl nicht ganz bedeutungslos sein, wenn es um die konkrete Umsetzung gewollter Sakramenten- oder Kirchengemeinschaften geht.[21]

IV. Zum päpstlichen Jurisdiktionsprimat

Die Frage des päpstlichen Jurisdiktionsprimats ist im ökumenischen Dialog sicher eines der schwierigsten Themen. Papst Johannes Paul II. hat in seiner Enzyklika *Ut unum sint* vom 25.05.1995[22] an alle Theologen appelliert „eine Form der Primatsausübung zu finden, die keineswegs auf das Wesentliche ihrer Sendung verzichtet, sich aber einer neuen Situation öffnet“[23] (Nr. 95). Der Dialog wird auf verschiedenen Ebenen intensiv geführt. Er hat auch bereits vom methodischen Ansatz eines „differenzierten Konsenses“ her zu weiterführenden Überlegungen geführt.

Es zeigt sich, daß gerade in dieser Frage das unterschiedliche Kirchenverständnis der christlichen Konfessionen von elementarer Relevanz ist. In den orthodoxen Kirchen anerkennt die katholische Kirche – wie angesprochen – das in apostolischer Sukzession stehende Bischofsamt als Grundpfeiler aller ekklesiologischen Überlegungen. Diese Grundlage wird in der Erklärung *Dominus Jesus* der Glaubenskongregation vom 06.08.2000 in Art. 17 im Hinblick auf die orthodoxen Kirchen so festgehalten: „Die Kirchen, die zwar nicht in vollkommener Gemeinschaft mit der katholischen Kirche stehen, aber durch engste Bande, wie die apostolische Sukzession und die gültige Eucharistiefeier, mit ihr verbunden bleiben, sind echte Teilkirchen.“[24]

---

[21] Siehe *Reinhardt* (Anm. 1), 212.

[22] Siehe Anm. 6.

[23] Verlautbarungen des Apostolischen Stuhls Nr. 121 (Anm. 6), 67.

[24] In: Acta Apostolicae Sedis 92 (2000), 742–765; deutsche Übersetzung in: *Sekretariat der Deutschen Bischofskonferenz* (Hg.), Verlautbarungen des Apostolischen Stuhls Nr. 148, Bonn 2000, 27.

Von diesem Ansatz her konnte schon vor dieser Erklärung Kardinal Ratzinger die Anregung geben: „Rom muß vom Osten nicht mehr fordern, als auch im ersten Jahrtausend formuliert und gelehrt wurde.“[25] Dieser Feststellung ist von Seiten orthodoxer Kirchen entgegengehalten worden, daß das wenig weiterführend sei.[26] Wohl stelle eine Anerkennung des Vorsitzes der Liebe des Bischofs von Rom als dem ersten unter Gleichen aus orthodoxer Sicht kein Problem dar. Dies ginge aber nur bei einer theologisch und rechtlich gedachten Gleichstellung aller Bischöfe.[27]

Hinzuweisen ist in diesem Zusammenhang darauf, daß der Jurisdiktionsprimat des Papstes zwar innerkatholisch (ad intra) uneingeschränkt beansprucht wird. Aber ad extra gegenüber nichtkatholischen Konfessionen ist er derzeit nur partiell und approximativ denkbar. Er wird auch nicht zur conditio sine qua non einer partiellen Kirchen- und Sakramentengemeinschaft gemacht. Das Zweite Vatikanische Konzil hat die Jurisdiktion der orthodoxen Kirchenoberen gegenüber ihren Gläubigen uneingeschränkt anerkannt. In dieser Anerkennung ist eine „Selbstbeschränkung“ des Jurisdiktionsanspruchs des Papstes gegenüber den orthodoxen Kirchen enthalten. Es bleibt dem ökumenischen Dialog zwischen der katholischen und den orthodoxen Kirchen anheimgestellt, Wege zu einer vollen Kirchengemeinschaft zu finden, die bei Anerkennung des Primates die Eigenständigkeit und Eigenverantwortung der orthodoxen Kirchen gewährleistet.

Eine „Selbstbeschränkung“ des päpstlichen Jurisdiktionsprimates hat es im übrigen auch im Kontext des Entstehens eines Gesetzbuches für die mit Rom unierten Kirchen des Ostens gegeben. In dem CCEO von 1990 wird nicht mehr die päpstliche „confirmatio“ eines gewählten Patriarchen durch den Papst ge-

---

[25] *Joseph Kardinal Ratzinger*, Prognosen für die Zukunft des Ökumenismus, in: Ökumene – Konzil – Unfehlbarkeit, hg. im Auftrag des Stiftungsfonds PRO ORIENTE, Innsbruck/Wien/München 1979, 208–215 (212); *ders.*, Theologische Prinzipienlehre. Bausteine zur Fundamentaltheologie, München 1982, 209.

[26] So z.B. von *Anastasios Kallis*, Petrus der Fels – der Stein des Anstoßes? Das „Petrusamt“ in der Sicht der Orthodoxie, in: *Vasilios von Aristi u.a.* (Hg.), Das Papsttum. Dienst oder Hindernis für die Ökumene?, Regensburg 1985, 43–64 (55).

[27] Vgl. *Athanasios Basdekis*, Das Papsttum aus der Sicht der orthodoxen Theologie und Kirchen, in: Orthodoxes Forum 9 (1995), 65–86, 82.

fordert (c. 235 § 3 n. 1).[28] Diese Eigenverantwortung in der Ämterbestellung war den unierten Kirchen wichtig. Wenn derartige Beschränkungen innerkatholisch möglich sind, sollten sie erst recht ad extra im Mühen um die sichtbare Einheit der Christen möglich sein.[29]

Vom Ansatz her gilt das Gesagte auch für die Kirchen der Reformation. Trotz fehlender Bischofsweihe und apostolischer Sukzession im Bischofsamt hat das Zweite Vatikanische Konzil diese Kirchen – wenngleich als kirchliche Gemeinschaften – anerkannt und diese Anerkennung nicht verknüpft mit einer vorherigen Anerkennung des päpstlichen Jurisdiktionsprimates durch diese Kirchen. Der ökumenische Dialog, das Ringen um eine gegenseitige Zulassung zum Abendmahl, das offenbar der Kernpunkt eines evangelischerseits gewollten Dialogergebnisses ist, hängt aber nicht am päpstlichen Jurisdiktionsprimat, sondern an den unterschiedlichen ekklesiologischen Vorgaben im Sakramentenverständnis.

Ist aus katholischer Sicht eine (partielle) Kirchen- und Sakramentengemeinschaft mit den Kirchen der Reformation möglich, wenn der Kirchenbegriff notwendigerweise mit dem Bischofsamt verbunden ist?

V. Wege zur Kirchengemeinschaft

Aus dem Gesagten ergibt sich: Kirchengemeinschaften können zunächst nur Kirchen eingehen. Die Universalkirche besteht in und aus Teilkirchen. Diesen stehen Bischöfe vor, die untereinander gleichberechtigt sind und die potestas regiminis über ihre Teilkirchen besitzen. Das ist zunächst der Ansatz für den weitergehenden Dialog hin zu Kirchengemeinschaften mit orthodoxen Kirchen sowie mit jenen anderen Kirchen, die von in der aposto-

---

[28] Vgl. dazu *Hans Paarhammer*, Bischofsbestellungen im CCEO. Patriarchen- und Bischofswahl und andere Formen der Bischofsbestellungen, in: Archiv für katholisches Kirchenrecht 160 (1991), 390–407 (407).

[29] Siehe Näheres dazu bei *Heinrich J.F. Reinhardt*, Zur Frage der (Selbst-) Beschränkung des Päpstlichen Jurisdiktionsprimates im Hinblick auf die nichtkatholischen Christen, in: Catholica 51 (1997), 255–263.

lischen Sukzession stehenden Bischöfen geleitet werden (alt- und christkatholische Kirchen und ggf., hier ist die weitere Entwicklung abzuwarten, die Anglikanische Kirche, verschiedene lutherische Kirchen usw.).

Die Kirchen der Reformation erfüllen im allgemeinen diese Voraussetzungen derzeit nicht und werden deshalb in der Kanonistik (Gesetzgebung und Doktrin) seit dem Konzil und aufgrund der dort getroffenen inhaltlichen Entscheidungen „kirchliche Gemeinschaften" genannt. Mit ihnen können (derzeit) – trotz der vielen „kirchenbildenden" Elemente, die ihnen eigen sind – keine Kirchengemeinschaften im engeren Sinn eingegangen werden. Gleichwohl werden sie als „kirchliche Gemeinschaften" anerkannt. Auch werden ihre kirchlichen Gesetze von der katholischen Kirche respektiert und in der Praxis zur Grundlage von Entscheidungen gemacht. Der Dialog über die Ämterfrage mit den reformatorischen Kirchen ist noch nicht zu Ende geführt.

Welche Wege sind mit nichtkatholischen Konfessionen generell auf dem Weg zu Kirchengemeinschaften möglich? Aus kanonistischer Sicht bewährt hat sich bisher das Modell von Einzelvereinbarungen über konkrete Sachfragen. Es gibt seit langem solche Vereinbarungen über Vorgehensweisen beim Abschluß von konfessionsverschiedenen Ehen, und zwar sowohl mit den orthodoxen Kirchen (hier etwa mit der Griechischen Metropolie in Deutschland)[30] als auch mit den Kirchen der Reformation (hier etwa mit der EKD, und zwar bis hin zu liturgischen Texten für gemeinsame kirchliche Trauungen).[31]

Grundlage weiterer derartiger Vereinbarungen können die vielen Konsenstexte sein, die von Theologen der verschiedenen Kirchen und kirchlichen Gemeinschaften in ihrem Auftrag erstellt und in dem dreibändigen Opus „Dokumente wachsender Übereinstimmung"[32] wiedergegeben werden. Das betrifft Über-

---

[30] Vgl. Anm. 16.

[31] Vgl. *Deutschen Bischofskonferenz/Rat der Evangelischen Kirche in Deutschland* (Hg.), der Ritus „Gemeinsame Feier der kirchlichen Trauung. Ordnung der kirchlichen Trauung für konfessionsverschiedene Paare unter Beteiligung der zur Trauung Berechtigten beider Kirchen", 1995.

[32] *Harding Meyer/Damaskinos Papandreou/Hans Jörg Urban/Lukas Vischer* (Hg.), Dokumente wachsender Übereinstimmung. Sämtliche Berichte und Konsenstexte interkonfessioneller Gespräche auf Weltebene, Bd. 1: 1931–1982, Pader-

einstimmungen in den Fragen der Gotteslehre, der Soteriologie, der Christologie, der Offenbarung, der Ekklesiologie, der Ethik und der pastoralen Zusammenarbeit, aber auch der konkreten Ämter, der Taufe, der Eucharistie und der Ehe sowie der anderen Sakramente.[33]

In dem Text der Gemeinsamen Römisch-katholischen/Evangelisch-Lutherischen Kommission aus dem Jahre 1981 über „Das geistliche Amt in der Kirche“[34] wird eine subtile Analyse des Amtsverständnisses in beiden Kirchen vorgelegt. Der traditionellerweise auf katholischer Seite festgestellte „defectus“ des Weihesakramentes der aus der Reformation hervorgegangenen Kirchen (*Unitatis redintegratio* Art. 22) wird der „geistlichen Fruchtbarkeit“ des Amtes in den reformatorischen Kirchen gegenübergestellt. Deshalb werden in dem Text Vorschläge wie eine Zusatzordination, ein Jurisdiktionsakt oder eine wechselseitige Handauflegung, die sowohl als Akt der Ordination wie als Akt der Versöhnung interpretiert werden könnte, als nicht voll befriedigend angesehen. Voraussetzung für die wechselseitige Anerkennung der Ämter in Verbindung mit einer Kirchengemeinschaft sei die Übereinstimmung im Glaubensbekenntnis, die auch ein gemeinsames Verständnis des kirchlichen Amtes sowie das gemeinsame Verständnis der Sakramente und die brüderliche Gemeinschaft des christlichen und kirchlichen Weges einschließen muß. Es wird des näheren aufgezeigt, wie der Weg zur Abendmahlsgemeinschaft beschritten werden kann. Dann heißt es wörtlich: „Wenn dies alles erfolgt, könnte der nächste Schritt darin bestehen, daß gegenseitig anerkannt wird, daß das Amt in der anderen Kirche wesentliche Funktionen des Amtes ausübt, das Jesus Christus seiner Kirche eingestiftet hat und das man in der eigenen Kirche in voller Weise verwirklicht glaubt. Diese zunächst noch nicht volle gegenseitige Anerkennung würde die Aussage einschliessen, daß der Heilige Geist in der anderen Kirche auch durch deren Ämter wirkt und diese in Verkündi-

---

born/Frankfurt a.M., 1982, Bd. 2: 1982–1990, Paderborn/Frankfurt a.M. 1992, Bd. 3: 1990–2001, Paderborn/Frankfurt a.M. 2003.

[33] Diese Themen sind in den bisher veröffentlichten Konsensgesprächen behandelt worden.

[34] *Gemeinsame Römisch-katholische/Evangelisch-lutherische Kommission*, Das geistliche Amt in der Kirche (Anm. 13), 329–357.

gung, Sakramentenspendung und Gemeindeleitung als Mittel des Heils benützt. Eine solche Erklärung ist aufgrund alles bisher Gesagten möglich. Sie wäre eine wichtige Voraussetzung dafür, daß wir auf dem Weg weiterer gegenseitiger Rezeption schließlich zur vollen gegenseitigen Anerkennung der Ämter durch die Aufnahme der vollen Kirchen- und Eucharistiegemeinschaft gelangen."[35]

Diese zukunftsweisenden Vorschläge kennzeichnen den Stand von 1981! Seither sind diese Ansätze zwar weiter verfolgt und rezipiert worden, etwa in der „Gemeinsamen Erklärung zur Rechtfertigungslehre" aus dem Jahr 1999. Es sind aber auch Rückschritte zu verzeichnen.

Die Empfehlung der Bischofskonferenz der VELKD zum „Allgemeinen Priestertum, zur Ordination und Beauftragung nach evangelischem Verständnis" vom November 2004 wurde katholischerseits jedenfalls so empfunden. Gleichwohl liegt mit dem Text von 1981 eine gute Grundlage für weitere Entwicklungen vor, die in der Amtsfrage weiterführend sein können.

Natürlich geben diese Kommissionsberichte die Lehrdifferenzen in den behandelten Bereichen wieder, aber eben auch, jedenfalls in zahlreichen Texten, den Konsens. Dokumente dieser Art müßten nur in kirchenamtliche Vereinbarungen überführt werden. Man muß dies allerdings auch wollen. Theologen können nur die Konsensfelder und mögliche Inhalte aufzeigen. Die Entscheidungen selbst sind Sache der Kirchenleitungen.

Ob dies uni- oder multilateral, global oder regional geschieht, hängt von den Vertragspartnern und ihren Kompetenzen ab. Würde ein Netzwerk dieser Art zwischen Kirchen und kirchlichen Gemeinschaften wachsen und im Alltag durch Akzeptanz Bedeutung gewinnen, dann wäre der Weg geebnet für Zusammenfassungen von Einzelvereinbarungen, die dann auch zu Umschreibungen von Kirchengemeinschaften führen können.

Hierbei würde ich den Begriff „Kirchengemeinschaft" noch abgrenzen von jenem der „unio", der Kirchenunion. Erst bei diesem Stadium einer „Union" steht die Frage der wie auch immer dann zu gestaltenden und umschreibenden Anerkennung des päpstlichen Jurisdiktionsprimates an. Die Art der Anerken-

---

[35] Ebd., 356.

nung ist wohl kaum als Bedingung vor gemeinsamen Gesprächen festzulegen. Sie kann vielmehr erst am Ende von Verhandlungen stehen. Dies könnte dann im Sinne der Anerkennung eines „Primats der Liebe“ erfolgen, die sich in der Praxis gestalten könnte auf der Grundlage gegenseitiger und regelmäßiger Konsultationen in wichtigen Kirchenangelegenheiten, bei der Klärung des dem Kirchenrecht fremden Begriffs eines „kanonischen Territoriums“ (wichtig für die russische Orthodoxie), oder im Zuge gegenseitiger Mitteilungen über Besetzungen wichtiger Ämter sowie im Rahmen gemeinsamer Entscheidungsfindungen in Fragen, die beide Seiten betreffen. Sie könnte auch eine Anerkennung sein, die Primat und Unfehlbarkeit akzeptiert, unter der Voraussetzung, daß deren Ausübung in kollegialer Bindung an die Ortskirchen erfolgt.

Selbst bei einer „plena unio“, genauer einer „communio plena cum Ecclesia catholica“, das zeigt das angeführte Beispiel aus dem Recht der Unierten, dem CCEO, sind Selbstbeschränkungen des Primatsanspruchs denkbar und ekklesiologisch mit dem Selbstverständnis der katholischen Kirche vereinbar.

Johanna Will-Armstrong

Die Anerkennung der Taufe zwischen den christlichen Kirchen – Eine ökumenische Zwischenbilanz

Kaum ein ökumenisches Dokument hat in den vergangenen Jahrzehnten einen solchen Bekanntheitsgrad erlangt wie die Konvergenzerklärung zu „Taufe, Eucharistie und Amt" der Kommission für Glaube und Kirchenverfassung des Ökumenischen Rates der Kirchen aus dem Jahr 1982.[1] Die sogenannte Limaerklärung stellt das Ergebnis eines langjährigen Beratungsprozesses über die Differenzen in diesen zentralen Glaubensfragen dar, der mit seinen Wurzeln zurückgreift bis zu den Anfängen der Bewegung für Glauben und Kirchenverfassung.[2] Auf dem Weg wachsender Übereinstimmung markiert der Prozeß der Erarbeitung der Konvergenzerklärung wie auch des Beratungs- und Stellungnahmeverfahrens in den Kirchen „ein weiteres einzigartiges Ereignis in der Geschichte der ökumenischen Bewegung".[3]

Ungeachtet bleibender Unterschiede in der Tauftheologie und der Taufpraxis konstatiert die Konvergenzerklärung für das ganze Spektrum der an ihrer Erarbeitung beteiligten Konfessionen ein wachsendes Bewußtsein hinsichtlich der ökumenischen Bedeutung der einen Taufe. Durch die in der Taufe geschenkte

---

[1] Taufe, Eucharistie und Amt. Konvergenzerklärung der Kommission für Glauben und Kirchenverfassung des Ökumenischen Rates der Kirchen mit einem Vorwort von William H. Lazareth und Nikos Nissiotis, Frankfurt a.M./Paderborn 1982.

[2] Hinweise zur Geschichte der Konvergenzerklärung finden sich in: *Ökumenischer Rat der Kirchen/Kommission für Glauben und Kirchenverfassung*, Die Diskussion über Taufe, Eucharistie und Amt: 1982–1990. Stellungnahmen, Auswirkungen, Weiterarbeit, Frankfurt a.M./Paderborn 1990, 19ff.

[3] *Ökumenischer Rat der Kirchen/Kommission für Glauben und Kirchenverfassung* (Anm. 2), 25: „Der gesamte Prozeß hat die Kirchen in ein neues Stadium wechselseitiger Rechenschaft geführt und ist als solcher Ausdruck des Wachsens hin zur sichtbaren Einheit."

Christusgemeinschaft wird zugleich eine tiefgreifende Gemeinschaft zwischen allen Christen und Kirchen begründet. Aus dieser Grundeinsicht erwächst zunehmend die Bereitschaft zur gegenseitigen Anerkennung der Taufe:

„Durch ihre eigene Taufe werden Christen in die Gemeinschaft mit Christus, miteinander und mit der Kirche aller Zeiten und Orte geführt. Unsere gemeinsame Taufe, die uns mit Christus im Glauben vereint, ist so ein grundlegendes Band der Einheit (Eph 4,3–6). Wir sind ein Volk und berufen, einen Herrn an jedem Ort und auf der ganzen Welt zu bekennen und ihm zu dienen. Die Einheit mit Christus, an der wir durch die Taufe teilhaben, hat wichtige Folgen für die Einheit der Christen."[4]

„Kirchen erkennen zunehmend die Taufe anderer Kirchen als die eine Taufe in Christus an, wenn vom Taufkandidaten Jesus als der Herr bekannt worden ist oder, im Fall der Säuglingstaufe, wenn das Bekenntnis von der Kirche (Eltern, Erziehungsberechtigten, Paten und Gemeinde) abgelegt und später durch persönlichen Glauben und persönliches Engagement bekräftigt wurde. Gegenseitige Anerkennung der Taufe wird als ein bedeutsames Zeichen und Mittel angesehen, die in Christus gegebene Einheit in der Taufe zum Ausdruck zu bringen. Wo immer möglich sollten die Kirchen die gegenseitige Anerkennung ausdrücklich erklären."[5]

Die Konvergenzerklärung zu Taufe, Eucharistie und Amt ist als großer ökumenischer Durchbruch gefeiert worden. Dies gilt insbesondere für den Taufteil. Denn mit den dort dargelegten Übereinstimmungen wurden sehr konkrete Erwartungen geweckt für den Prozeß der wechselseitigen Anerkennung der in einer jeweils anderen Kirche gespendeten und empfangenen Taufe. Im folgenden soll geprüft werden, ob und inwiefern diese Erwartungen sich erfüllen konnten.

I. Die evangelisch-katholischen Vereinbarungen zur gegenseitigen Taufanerkennung

Das Zweite Vatikanische Konzil hat im Taufverständnis der katholischen Kirche neue Akzente gesetzt und die ökumenische

[4] Taufe, Eucharistie und Amt (Anm. 1), 10 (Nr. 6).
[5] Ebd., 15 (Nr. 15).

Bedeutung der Taufe besonders gewürdigt. Die Taufe ist das sakramentale Band der Einheit unter den Christinnen und Christen, auch wenn diese noch auf ihre volle Verwirklichung hingeordnet bleibt. In der Rezeption der Theologie Augustins hatte die katholische Kirche die Gültigkeit der von anderen Kirchen gespendeten Taufen zwar auch zuvor anerkannt, das Konzil ging hierüber jedoch hinaus: Ausdrücklich anerkannte die katholische Kirche, daß sie „die außerhalb ihrer Grenzen vollzogenen Taufen keineswegs mehr nur als Zeichen ohne Gnade verstand, sondern vom göttlichen Gnadenwirken auch außerhalb der katholischen Kirche sprach (s. *Lumen Gentium* 15)“.[6]

Die ökumenische Würdigung der Taufe als sakramentales Band der Einheit durch das Zweite Vatikanische Konzil führte seit Mitte der sechziger Jahre des 20. Jahrhunderts zu Vereinbarungen über die gegenseitige Anerkennung der Taufe zwischen der evangelischen und der katholischen Kirche.[7] Das Ökumenische Direktorium empfiehlt nachdrücklich, daß der regionale Dialog

„über die Bedeutung und die gültige Feier der Taufe zwischen den Autoritäten der katholischen Kirche und denen der anderen Kirchen und kirchlichen Gemeinschaften auf den Ebenen der Diözese oder der Bischofskonferenz stattfindet. Auf diese Weise wäre es möglich, gemeinsame Erklärungen über die gegenseitige Anerkennung der Taufen abzugeben, wie auch über die Vorgehensweise in den Fällen, in denen die Gültigkeit einzelner Taufen zweifelhaft sein könnte“.[8]

Dabei sind die Kriterien und Grundsätze für die gegenseitige Taufanerkennung in der Tradition der von Augustin geprägten westlichen Tauftheologie auf die Liturgie der Taufe und den Ritus fokussiert:

„Die Taufe durch Untertauchen oder durch Übergießen, begleitet von der trinitarischen Formel, ist in sich gültig. Daraus folgt, daß das Sakrament

---

[6] *Edmund Schlink*, Ökumenische Dogmatik. Grundzüge, mit Geleitworten von Heinrich Fries und Nikos A. Nissiotis, Göttingen 1983, 487.

[7] Vgl. *Heribert Hallermann*, Die Vereinbarungen zur gegenseitigen Anerkennung der Taufe, in: *ders.* (Hg.), Ökumene und Kirchenrecht – Bausteine oder Stolpersteine, 2000, 118.

[8] Direktorium zur Ausführung der Prinzipien und Normen über den Ökumenismus, in: *Sekretariat der Deutschen Bischofskonferenz* (Hg.), Verlautbarungen des Apostolischen Stuhls 110, 1993, 57 (Ziff. 94).

als gültig angesehen werden muß, wenn die Rituale, die liturgischen Bücher oder die bestehenden Gewohnheiten einer Kirche oder einer kirchlichen Gemeinschaft eine dieser beiden Weisen zu taufen vorschreiben [...].“[9]

Die Kirchen der Reformation, sofern sie nicht täuferisch geprägt sind, haben ihrerseits die Taufen in der katholischen wie orthodoxen Kirche von Anfang an anerkannt.

Für den deutschen Bereich sind mehrere Taufvereinbarungen zwischen katholischen Diözesen und evangelischen Landeskirchen abgeschlossen worden: Bereits 1966 wurde eine Vereinbarung zwischen der evangelisch-lutherischen Kirche Oldenburgs und dem Bistum Münster „Über die Taufe sub conditione“ geschlossen.[10] Der kurze Text zielt auf die Vermeidung von Konditionaltaufen bei Übertritt von der evangelischen in die katholische Kirche; denn es ist vorauszusetzen, daß die Taufe in der evangelischen Kirche auf den (im) Namen des dreieinigen Gottes und nach der geltenden Agende als zweifelsfrei gültige anzuerkennen ist. Im Jahr 1977 wurde eine Vereinbarung zwischen der Konferenz der Kirchenleitungen in Hessen geschlossen, die nach Prüfung der gültigen Taufordnungen in den Kirchen feststellt, daß im Falle des Übertritts von der Gültigkeit der Taufe auszugehen sei.[11] Im Jahr 1996 kam es zum Abschluß einer entsprechenden Vereinbarung zwischen der Evangelischen Kirche im Rheinland, dem Erzbistum Köln sowie den Bistümern Aachen, Essen, Münster und Trier.[12] Diese Vereinbarung greift die kirchenrechtlichen Einzelfragen des Taufvollzuges und der Taufordnung auf, die im ökumenischen Dialog abgestimmt werden sollen. Weitergehend bietet sie eine Präambel und eine theologische Grundlegung zum Verständnis der Taufe, die im ausdrück-

---

[9] Direktorium zur Ausführung der Prinzipien und Normen über den Ökumenismus (Anm. 8), 57f (Ziff. 95).

[10] Über die Taufe sub Conditione, Kirchliches Amtsblatt für die Diözese Münster Nr. 22, 50 (1966), 150.

[11] Vereinbarung der Konferenz der Kirchenleitungen in Hessen zu Amtshandlungen vom 25.05.1977, in: Kirchliches Amtsblatt für die Erzdiözese Paderborn 120 (1977), 154.

[12] Vereinbarung zwischen der Evangelischen Kirche im Rheinland und dem Erzbistum Köln sowie den Bistümern Aachen, Essen, Münster und Trier zur gegenseitigen Anerkennung der Taufe vom 26.03.1996, in: Kirchliches Amtsblatt für das Bistum Trier Nr. 8, 140 (1996), 83.

lichen Rückbezug auf die Limaerklärung und die Stellungnahmen der Kirchen dazu entwickelt werden. Die Übereinkunft soll „die in Christus gegebene Einheit in der Taufe deutlicher zum Ausdruck bringen und Unstimmigkeiten über den gültigen Vollzug der Taufe in Zukunft möglichst aus(zu)schließen". Aus Anlaß des 10-jährigen Jubiläums stellen Kardinal Meißner und Präses Schneider in einem gemeinsamen Brief zum Jahresanfang 2006 fest:

> „Diese Absicht hat sich im Laufe der vergangenen zehn Jahre erfüllt. Die Vereinbarung hat darüber hinaus dazu geführt, dass sich zwischen unseren Kirchen eine geistliche Verbundenheit entwickelt hat, die eine vertrauensvolle Zusammenarbeit auch auf weiteren Gebieten unseres seelsorglichen Dienstes ermöglicht."

Die erreichten verbindlichen Übereinkünfte zur wechselseitigen Anerkennung der Taufe zwischen der katholischen und der evangelischen Kirche markieren in der deutschen Situation einen beachtlichen Fortschritt. Der wechselseitigen und rechtsverbindlichen Anerkennung der Taufe kann weitreichende Bedeutung zuwachsen vor allem im Blick auf gemeinsame missionarische Aktivitäten der Kirchen wie für die seelsorglichen Handlungsfelder, in denen gemeinsames Engagement um der Menschen willen notwendig ist. Sie kann auch zur Grundlage werden für weitere ökumenische Vereinbarungen, zum Beispiel für die „Ökumenischen Gemeindepartnerschaft am Ort".[13] In der ökumenischen Praxis haben gemeinsame Gottesdienste zum Taufgedächtnis inzwischen ihren festen Platz.

Die gegenseitige Taufanerkennung zwischen der evangelischen und der katholischen Kirche ist so ein festes Fundament ökumenischer Partnerschaft in Gottesdienst und gemeindlicher Praxis, das bleibt und trägt unbeschadet der tiefgreifenden Differenzen im ekklesialen Selbstverständnis.

---

[13] Vgl. dazu: Ökumenische Gemeindepartnerschaften am Ort. Leitlinien aus der evangelisch-katholischen Kommission der (Erz-)Bistümer Paderborn und Münster, der Evangelischen Kirche von Westfalen und der Lippischen Landeskirche, Iserlohn 2005.

II. Zur Praxis der Taufanerkennung in den Mitgliedskirchen der Arbeitsgemeinschaft Christlicher Kirchen (ACK)

Die Arbeitsgemeinschaft Christlicher Kirchen in Nordrhein-Westfalen (ACK NRW) hat zwischen 1995 und 2002 einen längeren Beratungsprozeß zum Taufverständnis und zur Taufpraxis ihrer Mitgliedskirchen durchgeführt.[14] Es war die Absicht zu prüfen, inwieweit die Impulse aus dem Taufteil der Konvergenzerklärung im Handeln der Kirchen rezipiert werden und ob daraus eine größere ökumenische Verbundenheit gewachsen ist.

Die Mitglieds- und Gastkirchen wurden zunächst aufgefordert, das eigene Taufverständnis im Zusammenhang darzustellen. Daneben erhielten sie einen Fragebogen zu den Einzelaspekten der Taufvorbereitung, der Feier der Taufe, des Patenamtes etc. Anhand der Antworten auf den Fragebogen wurde eine synoptische Darstellung entwickelt, die Gemeinsamkeiten und Unterschiede leicht nachvollziehen läßt. Beim Austausch zu der so entstandenen Taufsynopse in der ACK NRW wurde deutlich, daß auf diese Weise Kenntnislücken zur Taufpraxis anderer Kirchen auch bei ökumenisch Interessierten und Engagierten geschlossen wurden. Insofern hat das Projekt zumindest diesen Zweck erfüllt. Allerdings haben nicht alle Mitgliedskirchen sich selbst beteiligt.

Insgesamt zeigt sich gegenüber den Erwartungen und Absichten, die im Blick auf die Taufanerkennung zwischen den christlichen Kirchen in der Lima-Erklärung formuliert wurden, ein nüchternes Bild: In der Praxis werden Taufen in anderen Kirchen von Mitgliedskirchen der ACK oft anerkannt, besonders bei Übertritten, aber dies geschieht vor allem im Blick auf pastorale Gründe und um ökumenische Kränkungen zu vermeiden. Sowohl die besondere Frage der Taufanerkennung wie auch die durch Lima angeregte Diskussion um die ekklesiologische Entfaltung des Taufverständnisses in ökumenischer Dimension haben keine Bedeutung mehr.

---

[14] *Michael Kappes/Eberhard Spiecker* (Hg.), Christliche Kirchen feiern die Taufe. Eine vergleichende Darstellung, Bielefeld/Kevelaer, 2003.

Dies wird besonders deutlich an den Antworten auf die Frage: „Unter welchen Voraussetzungen erkennt Ihre Kirche die Taufe einer anderen Kirche an?". Die katholischen Diözesen und die evangelischen Landeskirchen formulieren hier die grundsätzliche Taufanerkennung auf der Grundlage der zwischen ihnen bestehenden Vereinbarungen auch für die anderen ACK-Kirchen.

Die orthodoxen Mitgliedskirchen, für die die griechisch-orthodoxe Metropolie von Deutschland antwortete,

> „erkennen die im Namen des Vaters und des Sohnes und des heiligen Geistes gespendete Taufe einer anderen Kirche an. Diese Anerkennung geschieht derzeit ohne eine formale und verbindliche Erklärung, die der Gesamtorthodoxie vorbehalten ist".[15]

Die Äthiopisch-orthodoxe Kirche

> „erkennt nach den Beschlüssen der heiligen Synod nur die Taufen der orthodoxen Kirchen als rechtsgültig vollzogen an; in der ökumenischen Praxis und vom heutigen Selbstverständnis wird jede Taufe einer christlichen Kirche anerkannt, auch wenn dies so noch nicht von der Heiligen Synod beschlossen ist".[16]

Dies bedeutet, daß in der Praxis beim Übertritt eines Christen, der in einer anderen Mitgliedskirche gültig getauft wurde, in der Regel in Deutschland keine erneute Taufe stattfindet. Allerdings geschieht dies nicht aufgrund einer verbindlichen ökumenischen Übereinkunft, sondern bleibt eine pastorale Regelung für den Einzelfall. Eine grundsätzliche Regelung zur ökumenischen Taufanerkennung widerstreitet der ekklesialen Einordnung der Taufe nach der orthodoxen Tradition.[17] Das erschwert

---

[15] Ebd., 18.

[16] Ebd.

[17] Nicht die Taufe, die im Fall des Übertritts in die Orthodoxe Kirche nicht wiederholt wird, wird als wirkkräftiger Ritus anerkannt. Wenn die orthodoxe Kirche eine Taufe, die nicht in ihr vollzogen wird, gelten läßt, so „fülle sie kraft der ihr und nur ihr eigenen Gnade den in sich leeren Vollzug nachträglich mit Wirkkraft auf und lasse ihn zum Heilsmittel werden. Ob sie das tue oder nicht, liege in ihrem freien Ermessen bzw. konkret im Ermessen der jeweiligen Bischöfe oder Synoden und richte sich nach Gesichtspunkten des Nutzens für die Kirche und die Betroffenen. D.h. es handelt sich um die Zulassung von Ausnahmen aus Gründen einer von Fall zu Fall zu bestimmenden Zweckmäßigkeit [...]". Vgl. *Dorothea Wendebourg*, Taufe und Oikonomia. Zur Frage nach der Widertaufe in der Orthodoxen Kirche, in: *dies.*, Die eine Christenheit auf Erden, Tübingen 2000, 21.

jedoch das verläßliche und verbindliche Miteinander in der Ökumene. Denn die vollzogene Anerkennung der Taufe in einer anderen Kirche durch die Orthodoxie bleibt ohne bindende Übereinkunft ein einseitiger Akt.[18] Darin zeigt sich: Die Erwartung, durch den Taufteil der Konvergenzerklärung sei der Tauf-anerkennung in der Orthodoxie der Weg bereitet, hat sich nicht erfüllt.[19]

Unter den freikirchlichen Mitgliedskirchen täuferischer Prägung der ACK NRW wird die Frage der Taufanerkennung eng verknüpft mit der Gewissensentscheidung des einzelnen, der zu einer freikirchlichen Gemeinde übertritt. Exemplarisch zeigt dies die Stellungnahme aus dem Bund Freier Evangelischer Gemeinden: Die Taufe wird anerkannt

> „unter der Voraussetzung, dass die Taufe mit Wasser auf den Namen des drei einen Gottes aufgrund eines persönlichen Glaubensbekenntnisses des Täuflings vollzogen wurde. Wenn jemand als Säugling bzw. ohne persönlichen Glauben getauft wurde und aufgrund einer später im Glauben vor Gott getroffenen Entscheidung darin seine Taufe sieht, wird diese Überzeugung geachtet. Bei einem Übertritt werden ergebnisoffene Gespräche geführt. Sie führen entweder zur Aufnahme unter Achtung der Gewissensbindung an die Säuglingstaufe oder aber zu einer Glaubens- und Bekenntnistaufe“.[20]

Auch die anderen Mitgliedskichen der ACK aus der täuferischen Tradition argumentieren ähnlich, freilich mit wahrnehmbaren Akzentverschiebungen, die auch in den einzelnen Gemeinden spürbar werden.

---

[18] Auch bei der Begegnung zwischen dem ökumenischen Patriarchat von Konstantinopel und der EKD im Jahr 2004 war die Taufe Thema. Im abschließenden gemeinsamen Kommunique fand sich dazu die weitere Erläuterung: „Obwohl zwischen unseren Kirchen noch keine Kirchengemeinschaft besteht, betrachten wir unsere Gemeindeglieder gegenseitig als getauft und lehnen es ab, im Falle eine Konfessionswechsels eine neue Taufe vorzunehmen.“ Im Nachgang wurde von der griechischen Metropolie klargestellt, daß dies keine allgemeine Vereinbarung zur gegenseitigen Taufanerkennung bedeutet, sondern lediglich die Anerkennung „gemäß dem in der Orthodoxen Kirche angewandten Prinzip der Oikonomia“.

[19] So spricht *Edmund Schlink* davon, daß „die orthodoxen Kirchen im Verlauf der ökumenischen Begegnungen ihren Einspruch gegen die Gültigkeit und Wirksamkeit der Taufen der von ihr getrennten Kirchen nicht aufrecht erhielten [...]“ Vgl. *Schlink* (Amn. 6), 488.

[20] *Michael Kappes/Eberhard Spiecker* (Anm. 14), 20.

Unter Mitgliedskirchen der Arbeitsgemeinschaft Christlicher Kirchen in Deutschland ist seit 2004 die Initiative, zu einer gemeinsamen Taufanerkennung zu gelangen, verfolgt worden. Ausgegangen war der Impuls von dem Vorsitzenden des Einheitsrates, Kardinal Kasper, der auf dem Ökumenischen Kirchentag 2004 in Berlin angeregt hat, zu einer solchen Verständigung über die Taufe zu finden. Damit sollten die ökumenischen Themenstellungen vorangebracht werden, die nicht gleich an den Grenzen kirchlichen Selbstverständnisses scheitern. Unter Beteiligung verschiedener Mitgliedskirchen der ACK Deutschland, insbesondere auch der Orthodoxie, ist ein Textvorschlag „Die christliche Taufe" entwickelt worden. Aber eine Einigung über die gegenseitige Taufanerkennung ist bislang nicht erreicht. Offensichtlich ist es gar nicht so einfach, geübte Praxis „aufzuschreiben" und offiziell abzustimmen.

Auffällig ist schließlich in diesem Zusammenhang, daß die Charta Oecumenica die Taufthematik nicht besonders aufnimmt. Ein kurzer Hinweis findet sich lediglich zum Eingang des Textes:

> „Wir verpflichten uns [...] in der Kraft des heiligen Geistes auf die sichtbare Einheit der Kirche Jesu Christi in dem einen Glauben hinzuwirken, die ihren Ausdruck in der gegenseitig anerkannten Taufe und in der eucharistischen Gemeinschaft findet sowie im gemeinsamen Zeugnis und Dienst."[21]

Die Anerkennung der Taufe ist ebenso wie die eucharistische Gemeinschaft Ausdruck der sichtbaren Einheit, auf die die Kirchen hinzuwirken sich verpflichten. In der Konvergenzerklärung war die eine Taufe dagegen „Zeichen" und „Unterpfand" der bereits bestehenden Einheit, Band der Einheit, das zwischen Christinnen und Christen geknüpft ist, über die Unterschiede, die Kirchen trennen, hinweg und hindurch. Unter den Vorzeichen wachsender Mobilität und Migration in und nach Europa wachsen auch die Probleme in der kirchlichen Praxis für die Anerkennung von Taufen. Es ist bedauerlich, daß die Charta Oecumenica die bestehende Praxis zwischen den Kirchen nicht positiv wür-

---

[21] *Konferenz Europäischer Kirchen/Rat der Europäischen Bischofskonferenzen*, Charta Oecumenica. Leitlinien für die wachsende Zusammenarbeit unter den Kirchen in Europa, 2001.

digt, sondern die Taufanerkennung in das Streben nach sichtbarer Einheit einordnet.

Die genannten Beispiele zeigen, daß es über den evangelisch-katholischen Dialog hinaus bislang nicht gelungen ist, den starken Impuls der Konvergenzerklärung in einem gemeinsamen Prozeß gegenseitiger Taufanerkennung fruchtbar zu machen. In der Praxis bemühen sich Kirchen bei dem Übertritt oder bei konfessionsverschiedenen Ehen, damit pastoral klug umzugehen und auch ökumenischen Anstoß zu vermeiden. Aber zu dem erhofften Durchbruch ist es nicht gekommen.

III. Offene Fragen auf dem Weg zur gegenseitigen Anerkennung der Taufe

War die Kommission für Glauben und Kirchenverfassung „doch wohl etwas zu optimistisch", wie Konrad Raiser[22] es formuliert, mit ihrer Einschätzung, die Kirchen seien zunehmend bereit „die Taufe anderer Kirchen als die eine Taufe in Christus" anzuerkennen? Die Stellungnahmen einzelner Kirchen zur Konvergenzerklärung haben dies bereits in der ersten Rezeptionsphase deutlich gemacht.[23]

Kann man wirklich von der einen Taufe in den zwei unterschiedlichen Formen, der Gläubigen- und der Säuglingstaufe, sprechen? So lautet die entscheidende Rückfrage aus der baptistischen Tradition![24] Im Bemühen darum, zwischen den Kirchen,

---

[22] *Konrad Raiser*, Gegenseitige Anerkennung der Taufe als Weg zu kirchlicher Gemeinschaft. Ein Überblick über die ökumenische Diskussion, Ökumenische Rundschau 53 (2004), 298.

[23] *Max Thurian* (Hg.), Churches respond to BEM. Official reponses to the „Baptism, Eucharist and Ministry text, Genf 1986–1988, Band 1–6.

[24] Die Schwedischen Baptisten Gemeinden weisen in ihrer Stellungnahme darauf hin, daß der Limatext die Frage unbeantwortet läßt, ob eine Taufe eines Säugling auch dann gültig ist, wenn das Glaubensbekenntnis von ihm nicht zu einem späteren Zeitpunkt abgelegt wird; vgl. *Max Thurian* (Anm. 23), Band 4, 202. Ebenso die Baptisten Gemeinden aus Großbritannien und Irland; vgl. *Max Thurian* (Anm. 23), Band 1, 71. In allen baptistischen Stellungnahmen zur Konvergenzerklärung wird darauf verwiesen, daß die Überlegungen zur Taufpraxis nicht mit den vorausgehenden tauftheologischen Aussagen übereinkommen.

die die Säuglingstaufe praktizieren, und den Kirchen täuferischer Tradition zu vermitteln, wird nicht klar, daß viele Täuferkirchen die Säuglingstaufe nicht als gültige Taufe anerkennen. Damit werden in der Konvergenzerklärung Säuglings- und Gläubigentaufe zu zwei gleichberechtigten Alternativen, was sie für die Kirchen baptistischer Tradition nicht sind.[25]

Aus den orthodoxen Kirchen wurden Einwände erhoben gegen die Zuordnung der einen Taufe zur Kirche: In welchem Verhältnis steht die Anerkennung der Taufe zur der angestrebten vollen Gemeinschaft der Kirchen? Orthodoxe Stellungnahmen zur Konvergenzerklärung erläutern die Praxis der orthodoxen Kirche auf Grundlage der Entscheidungen der ökumenischen Konzilien, beim Übertritt einige als schon Getaufte aufzunehmen, andere aber zu taufen, weil deren Taufe nicht anerkannt wird.[26] Daran wird deutlich, daß wie oben beschrieben grundsätzliche ekklesiologische Bedenken gegen den Prozeß der ökumenischen Taufanerkennung fortbestehen.

In der Auswertung der kirchlichen Stellungnahmen zur Limaerklärung haben sich die kritischen Äußerungen zu den Teilen über die Eucharistie und vor allem über das kirchliche Amt in den Vordergrund geschoben. Der ökumenische Dialog über die Taufe findet nach 1982 seine Fortsetzung besonders in bilateralen Gesprächen, soweit sie unter Beteiligung der Baptisten ge-

---

[25] „Es ist eine Schwachstelle des Lima-Dokuments, dass Differenzen zwischen den Täuferkirchen und den Kirchen mit Säuglingstaufe in verschiedenen Aussagen eher verschleiert werden, anstatt den fundamentalen Gegensatz deutlicher herauszuarbeiten, um ihn so einer angemessenen und präzisen Bearbeitung des bestehenden Problems fehlender gegenseitiger Taufanerkennung zuzuführen und so einer Lösung näher zu kommen." So *Wolfram Kerner*, Gläubigentaufe und Säuglingstaufe. Studien zur Taufe und zur gegenseitigen Taufanerkennung in der neueren evangelischen Theologie, Heidelberg 2004, 60.

[26] Vgl. Stellungnahme der Orthodoxen Kirche in Amerika, in: *Max Thurian* (Anm. 23), Band 3, 17. In der Stellungnahme der Orthodoxen Kirche Bulgariens wird als Mangel am Limatext festgehalten, daß keine Ausführungen zu der sakramentalen Ordnung für die Feier der Taufe gemacht werden, insbesondere im Blick auf die Verwendung des Ökumenischen Glaubensbekenntnisses. Hier deutet sich der Stellenwert der Liturgie der Taufe für die Taufanerkennung durch die Orthodoxie an. Vgl. *Max Thurian* (Anm. 23), Band 2, 16.

führt werden.[27] Insgesamt findet die Taufthematik jedoch nicht die Beachtung im ökumenischen Gespräch, die ihr in der Rezeption der Konvergenzerklärung und der Nacharbeit zu den kirchlichen Stellungnahmen zukommen sollte.[28] Für die evangelischen Kirchen in Deutschland spiegeln sich darin auch die eigenen Probleme und Herausforderungen der Kirchen und Gemeinden, ihrer Taufverantwortung zu entsprechen.

Der Rat der EKD hat 2005 eine Kommission berufen, die zum Taufverständnis in der evangelischen Kirche eine Handreichung erarbeiten soll. Im Eröffnungsbeitrag zur Arbeit dieser Kommission formuliert Christian Grethlein eine Problemanzeige, die meines Erachtens nicht nur für die evangelische Kirche und ihre Gemeinden gilt: Es geht um die Spannung zwischen dem „theologischen Gewicht der Taufe, wie es in ihrer dogmatischen Charakterisierung als Sakrament zum Ausdruck kommt", und ihrer tatsächlichen Stellung in Gottesdienst und Gemeindeleben, die „marginal" bleibt.[29] In der evangelischen Kirche galt lange Zeit die Auffassung, daß, nachdem der Streit um die Säuglingstaufe, der ein Streit mit der Tauftheologie Karl Barths war, durchstanden war, keine drängenden Fragen bleiben. Ein Blick auf die Aufgaben, die jetzt bearbeitet werden, zeigt demgegenüber eine veränderte Wahrnehmung theologischer Fragestellungen und kirchlicher Taufpraxis: Es geht um die Bedeutung der Taufe im Gottesdienst und ihre liturgische Gestalt, insbesondere auch um das Verhältnis von Taufe und Abendmahl; um die religionspädagogische oder katechetische Dimension kirchlicher Taufpraxis, insbesondere auch um die Beziehung auf die Konfirmation und

---

[27] Vgl hierzu *Wolfram Kerner* (Anm. 25) zu den Ergebnissen im baptistisch-lutherischen Dialog und dem Dialog zwischen Waldensern/Methodisten und Baptisten in Italien.

[28] In dem zuletzt erschienen Band „Dokumente wachsender Übereinstimmung", der die ökumenischen Dialogergebnisse von 1990 bis 2001 dokumentiert, übertreffen ausweislich des Indexes die Nennungen für die anderen „Limathemen" Amt und Eucharistie bei weitem die Eintragungen zum Thema Taufe. Die weitere inhaltliche Prüfung der Dokumente bestätigt, daß dieses Thema ökumenisch nachrangig geworden ist. Vgl. *Harding Meyer/Damaskinos Papandreou/Hans Jörg Urban/Lukas Fischer* (Hg.), Dokumente wachsender Übereinstimmung. Sämtliche Berichte und Konsenstexte interkonfessioneller Gespräche auf Weltebene, Band 3: 1990–2001, Frankfurt/Paderborn 2003.

[29] *Christian Grethlein*, Taufpraxis zwischen Kontinuität und Wandel – Herausforderungen und Chancen, Zeitschrift für Theologie und Kirche 102 (2005), 371 (374).

die bleibende Taufverantwortung der Gemeinde; also um die Aufgabe ethischer Orientierung, der Ausrichtung im christlichen Leben, das mit der Taufe seinen Anfang nimmt.[30]

Aus dem neutestamentlichen Befund entwickelt Grethlein eine doppelte Konsequenz:

„Taufe ist kein punktuelles Ereignis, sondern eröffnet einen lebenslangen Prozess. Von daher ist die Aufgabe der Tauferinnerung keine zusätzliche, eventuell auch entbehrliche Aktivität, sondern konstitutiver Bestandteil jeder reformatorischen Taufpraxis. Taufe ist primär auf das alltägliche Leben bezogen. Eine nur auf das (sogenannte) Gemeindeleben konzentrierte Taufpraxis verfehlt deshalb eine grundlegende Dimension von Taufe. Dabei sei nicht verschwiegen, dass die im ‚ein für allemal' des die Taufe begründenden Wirkens und Geschicks Jesu Christi implizierte lebenslange Bedeutung der Taufe in einer Gesellschaft vor erhebliche Probleme stellt, die Dynamik, Vorläufigkeit und Veränderung als grundlegend für erfolgreiches Leben erachtet. [...] Endgültige Entscheidungen scheinen nicht mehr in unsere schnellebige, Veränderung positiv bewertende Zeit zu passen. Von daher scheint mir heute eine Reform der Taufpraxis notwendig mit dem Mut – auch (!) – zu gegenkulturellem Engagement verbunden."[31]

Diese Darstellung zur Taufe aus evangelischer Sicht spiegelt Grundeinsichten eines ökumenischen Taufverständnisses, insbesondere in der Auslegung des Taufgeschehens als eines lebenslangen Prozesses, das im Anschluß an die Konvergenzerklärung weiter zu entwickeln ist. Auch die kirchliche Praxis für die Feier der Taufe in der evangelischen Kirche ist durch die Ökumene verändert und bereichert worden. Das Taufbuch der Evangelischen Kirche der Union nimmt darum ausdrücklich bei der Erklärung des Taufverständnisses Bezug auf die Konvergenzerklärung und andere ökumenische Dialogergebnisse.[32] Besonders in der agendarischen Entfaltung der Taufe als liturgischem Weg werden ökumenische Einsichten fruchtbar.

Kann man aber auch über die evangelische Kirche hinaus für die zweite Hälfte des 20. Jahrhunderts von einer umfassenden

---

30 Ebd., 377.

31 Ebd.

32 Taufbuch. Agende für die Evangelische Kirche der Union, Band 2, Im Auftrag des Rates hg. von der *Kirchenkanzlei der Evangelischen Kirche der Union*, Bielefeld 2000, 17.

ökumenischen „Angleichungstendenz“ in der Feier der Taufe sprechen?[33] Das Verständnis der Taufe als Weg, das die agendarische Entwicklung spiegelt, ist die Brücke für die Vertiefung des gemeinsamen Verständnisses der Taufe als Prozeß, als Sakrament der Initiation, das gemeinsam mit Geistempfang und Eucharistie ins christliche Leben hineinführt.

Besondere Beachtung verdient deshalb der Schlußbericht des Dialoges zwischen der Europäischen Baptistischen Föderation und der Gemeinschaft der Evangelischen Kirchen in Europa zu Lehre und Praxis der Taufe.[34] Die Ergebnisse dieses Dialoges, der zwischen 2002 und 2004 geführt wurde, stellen zwar kein verbindliches Lehrgespächsergebnis dar, obwohl sie in der entsprechenden Reihe der Leuenberger Texte Aufnahme fanden. Aber hier werden Eckpunkte für die weitere Verständigung über die Taufe und damit die Aufnahme der Kirchengemeinschaft benannt. Zugrundegelegt wird das gemeinsame Verständnis von Taufe als Anfang des christlichen Lebens, das jedoch eingeordnet bleibt in den Prozeß christlicher Initiation; dieser wiederum greift weiter als das erste zentrale und unwiederholbare Ereignis.

In ihrer ökumenischen Bedeutung wird die Taufe gewürdigt als Verpflichtung der geteilten Kirche „zu einem die Einheit des Leibes Christi zur Geltung bringenden Einverständnis“.[35]

Schließlich werden die Voraussetzungen zur gegenseitigen Taufanerkennung benannt:

„Alle Taufen, die nach dem Auftrag Jesu Christi (Mt 28,19) evangeliumsgemäß vollzogen worden sind, werden von unseren Kirchen anerkannt. Zu einer evangeliumsgemäß vollzogenen Taufe gehört zumindest das Taufen im Namen des Vaters, des Sohnes und des Heiligen Geistes mit der Zeichenhandlung des Begießens bzw. Untertauchens im Wasser. Wir erklären, daß die Kirchen unserer beiden Traditionen aufgerufen sind, weiterhin zu prüfen, was es heißt, gemäß dem Evangelium zu taufen, und was dies insbesondere für die Stellung des menschlichen Glau-

---

[33] Vgl. *Reinhard Messner*, Art. Taufe VI. Liturgiegeschichtlich, Religion in Geschichte und Gegenwart, Band 8, Tübingen 2005, 84.

[34] *Wilhelm Hüffmeier/Tony Peck*, Dialog zwischen der Europäischen Baptistischen Föderation (EBF) und der Gemeinschaft Evangelischer Kirchen in Europa (GEKE) zur Lehre und Praxis der Taufe, Leuenberger Texte 9, Frankfurt 2005.

[35] Dialog zwischen der Europäischen Baptistischen Föderation (EBF) und der Gemeinschaft Evangelischer Kirchen in Europa (GEKE) zur Lehre und Praxis der Taufe (Anm. 34), 43.

bens im Taufereignis bedeutet. Unabhängig von unserm derzeitigen Dissens über die Wassertaufe ist jedoch die Anerkennung, daß alle Christen ins Leben, in den Tod und die Auferstehung Jesu Christi eingetaucht werden, ein starker Ausdruck der in Christus vorgegebenen Einheit der Kirche."[36]

Die Ergebnisse des Dialoges zwischen der Europäischen Baptistischen Föderation und der Gemeinschaft Evangelischer Kirchen in Europa zeigen, daß in der Frage gegenseitiger Taufanerkennung ein entfaltetes theologisches Verständnis der Taufe als zentralem Ereignis im umfassenderen Prozeß der christlichen Initiation weiter führt als die Eingrenzung auf die Fragen der Gültigkeit des Ritus, die den Fortschritt im evangelisch-katholischen Dialog ermöglicht haben. Auch im Gespräch mit der orthodoxen Theologie werden hier Ansätze zur weiteren Verständigung eröffnet.[37]

Bleibt das Bemühen um die gegenseitige Anerkennung der Taufe auf das punktuelle Ereignis fixiert, sind der Verständigung mit den Kirchen täuferischer Tradition wie auch der Orthodoxie enge Grenzen gezogen. Das ist die ernüchternde Bilanz, die die Auswertung der Stellungnahmen zur Konvergenzerklärung zu Tage bringt. Ausgehend von der Tauftheologie der Limaerklärung läßt sich jedoch auch ein neues Verständnis der Kirchen dafür feststellen und ist liturgisch schon in ihnen wirksam, daß die Taufe ein mehrgliedriges Geschehen ist, „nicht nur auf eine augenblickliche Erfahrung bezogen, sondern auf das lebenslange Hineinwachsen in Christus".[38] Das Bemühen um gegenseitige Taufanerkennung hat zur Voraussetzung, daß es Kirchen gelingt, die verschiedenen Formen der Taufe an verschiedenen Punkten

---

[36] Dialog zwischen der Europäischen Baptistischen Föderation (EBF) und der Gemeinschaft Evangelischer Kirchen in Europa (GEKE) zur Lehre und Praxis der Taufe (Anm. 34), 44.

[37] *Wendebourg* beschreibt „in der jüngeren orthodoxen Position doch auch ein Anliegen, welches mittlerweile auch im Westen mehr und mehr Allgemeingut geworden ist [...] das der Zusammengehörigkeit von Taufe und Gabe des Geistes"; *dies.* (Anm. 17), 46. Vgl. zur aktuellen Diskussion um die Frage der Taufanerkennung auch: *Athanasios Vletis*, Taufe: Ein Sakrament auf der Suche nach seiner Identität? Versuch einer orthodoxen Interpretation, in: Ökumenische Rundschau 53, 2004, 318.

[38] Taufe, Eucharistie und Amt (Anm. 1), 11 (Nr. 9).

innerhalb des gemeinsam verstandenen Prozesses der christlichen Initiation einzuordnen.

„Vielleicht gelingt eine solche begriffliche Anerkennung von ‚äquivalenten Prozessen' nicht so sehr mit Hilfe begrifflicher Theologie, sondern auf andere Weise, d.h. durch Erzählen von Geschichten. Im wechselseitigen Hören auf unsere Erzählungen von den Anfängen unseres Christenseins, unabhängig von der uns prägenden Tradition, könnten wir dazu kommen, einander zuzugestehen: Es ist der gleiche Weg."[39]

So formuliert der baptistische Theologe Paul Fiddes die Perspektive nach der Konvergenzerklärung zu Taufe, Eucharistie und Amt für die Anerkennung der Taufe unter den Kirchen. Vorausgesetzt ist dabei eine Gemeinschaft unter den Kirchen, die solches Hören und Erzählen aller erst möglich werden läßt. Das ist der Ort und die Aufgabe für die Arbeitsgemeinschaft Christlicher Kirchen in Deutschland.

---

[39] *Paul S. Fiddes*, Baptism and the Process of Christian Initiation, The Ecumenical Review 54 (2002), 48 (63); Übersetzung nach Konrad Raiser (Anm. 22), 309.

Abkürzungsverzeichnis

AAS	Acta Apostolicae Sedis
ABl.	Amtsblatt
ACK	Arbeitsgemeinschaft Christlicher Kirchen
AfkKR	Archiv für katholisches Kirchenrecht
Anm.	Anmerkung
AnPont	Annuario Pontificio
Anton	Antonianum
BayK	Bayerisches Konkordat
BSLK	Bekenntnisschriften der evangelisch-lutherischen Kirche
BZMK	Beihefte zum Münsterischen Kommentar
C Doctr	Congregatio pro Doctrina fidei
c.	canon
CatCE	Catechismus Catholicae Ecclesiae
Cath	Catholica
Cath(M)	Catholica. Münster
cc.	canones
CCEO	Codex Canonum Ecclesiarum Orientalium
CIC	Codex Iuris Canonici
Com	Communicationes
Conc	Concilium. Internationale Zeitschrift für Theologie
Conc(D)	Concilium. Einsiedeln
DBW	Dietrich Bonhoeffer. Werke
Diak	Diakonia. Internationale Zeitschrift für die Praxis der Kirche
DV	Dei verbum
EBF	Europäische Baptistische Föderation
EKD	Evangelische Kirche in Deutschland
FEST	Forschungsstätte der Evangelischen Studiengemeinschaft e.V.
FThSt	Freiburger theologische Studien
FVKS	Freiburger Veröffentlichungen aus dem Gebiet von Kirche und Staat
fzk	Forschungen zur Kirchenrechtswissenschaft
GEKE	Gemeinschaft Evangelischer Kirchen in Europa

HdbKathKR	Handbuch des katholischen Kirchenrechts
HerKorr	Herder-Korrespondenz
IE	Ius ecclesiae
IThQ	Irish Theological Quarterly
KKK	Katechismus der katholischen Kirche
LG	Lumen gentium
LKD	Literatur des katholischen Deutschland
LKDog	Lexikon der katholischen Dogmatik
LKStKR	Lexikon für Kirchen- und Staatskirchenrecht
LThK	Lexikon für Theologie und Kirche
MdKI	Materialdienst des Konfessionskundlichen Instituts
MKCIC	Münsterischer Kommentar zum Codex Iuris Canonici unter besonderer Berücksichtigung der Rechtslage in Deutschland
MthStkan	Münchner theologische Studien. Kanonistische Abteilung
NJW	Neue Juristische Wochenschrift
ÖAKR	Österreichisches Archiv für Kirchenrecht
OR	L'Osservatore Romano
ÖR	Ökumenische Rundschau
OR(D)	L'Osservatore Romano. Wochenausgabe in deutscher Sprache
Orien	Orientierung. Katholische Blätter für weltanschauliche Information
PastBon	Pastor bonus
QD	Quaestiones disputatae
QD(E)	Quaestiones disputatae. English Edition
RDC	Revue de droit canonique
RSPhTh	Revue des sciences philosophiques et théologiques
StCan	Studia Canonica
ThpQ	Theologisch-praktische Quartalschrift
ThPr	Theologia Practica
ThRv	Theologische Revue
VApS	Verlautbarungen des Apostolischen Stuhls
Vat	Vatikanisches Konzil (Vaticanum)
VELKD	Vereinigte Evangelisch-Lutherische Kirche in Deutschland
ZevKR	Zeitschrift für evangelisches Kirchenrecht
ZKTh	Zeitschrift für katholische Theologie

Glossar

Ad gentes An die Völker (Missionsdekret des II. Vatikanischen Konzils)

Apostolica Sollicitudo Apostolische Sorge (Apostolische Konstitution Papst Paul VI.)

Ad tuendam fidem Zum Schutz des Glaubens (Motu Proprio Papst Johannes Paul II., 1998)

Apostolische Konstitution feierliche Form einer päpstlichen Verlautbarung

Centesimus annus Das hundertste Jahr (Sozialenzyklika Papst Johannes Paul II., 1991)

Codex (Iuris Canonici) Gesetzbuch de katholischen Kirche

communio Gemeinschaft

communio fidei et fidelium Gemeinschaft des Glaubens und der Gläubigen

communio plena cum Ecclesiam catholica vollständige Gemeinschaft mit der katholischen Kirche

defectus sacramenti ordinis Mangel des Sakraments der Ordination

Dei verbum Wort Gottes (Offenbarungskonstitution des II. Vatikanischen Konzils)

depositum fidei Glaubensgut

Dignitatis humanae Die Würde des Menschen (Erklärung des II. Vatikanischen Konzils über die Religionsfreiheit)

Dikasterium Behörde der Römischen Kurie

Dispens Befreiung von einer Rechtspflicht im Einzelfall

Dominum et vivicantem Der Herr und Lebensspender (Enzyklika Papst Johannes Paul II., 1986)

dominus canonum Herr des Gesetzes

Ecclesia de eucharistia Kirche aus der Eucharistie (Enzyklika Papst Johannes Paul II., 2003)

Ecclesiam suam Seine Kirche (Enzyklika Papst Paul VI., 1964)

Enzyklika päpstliches Rundschreiben

Episkopat Bischofsstand

Evangelium vitae Evangelium des Lebens (Enzyklika Papst Johannes Paul II., 1995)

Fides et ratio Glaube und Vernunft (Enzyklika Papst Johannes Paul II., 1998)

Jurisdiktionsprimat rechtliche Vorrangstellung des Papstes

Kanonistik Kirchenrechtswissenschaft

Katechismus der Katholischen Kirche umfassendes Lehrbuch der Dogmen

Kathedralkapitel Konstitution, dogmatische

kodikarisch den Codex betreffend

Kurie Verwaltungsbehörden des Papstes oder eines Diözesanbischofs

Laborem exercens Ausübung der Arbeit (Sozialenzyklika Papst Johannes Paul II., 1981)

Lumen gentium Licht der Völker (Dogmatische Konstitution des II. Vatikanischen Konzils über die Kirche)

Mortalium animos Seelen der Verstorbenen (Enzyklika Papst Pius XI., 1928)

Motu Proprio päpstlicher Erlaß

Munus docendi Lehraufgabe, Lehramt

Mystici corporis christi Der mystische Leib (Enzyklika Papst Pius XII., 1943)

Nostra aetate In unserer Zeit (Dekret des II. Vatikanischen Konzils)

Nota doctrinalis lehrmäßige Erklärung

Nota explicativa praevia Erläuternde Vorbemerkung zur Konstitution *Lumen Gentium*

Ordinatio sacerdotalis Priesterweihe (Apostolische Konstitution Papst Johannes Paul II., 1994)

par cum pari als ein Gleicher mit einem Gleichen

Pastor aeternus Der ewige Hirte (Dogmatische Konstitution des I. Vatikanischen Konzils)

Pastor bonus Der gute Hirte (Apostolische Konstitution Papst Johannes Paul II., 1998, Kuriengeschäftsordnung)

pastoral seelsorglich

plena unio vollständige Einheit

Pontifikat Amtszeit eines Papstes

potestas suprema höchste Gewalt

praefatio Vorwort

Primat Vorrang

primatial den Primat betreffend

Professio fidei Glaubensbekenntnis

Recognitio Überprüfung

Redemptor hominis Erlöser der Menschen (Enzyklika Papst Johannes Paul II., 1979)

Redemptoris mater Mutter des Erlösers (Enzyklika Papst Johannes Paul II., 1987)

Redemptoris missio Die Sendung des Erlösers (Enzyklika Papst Joahnnes Paul II., 1990)

sacrae disciplinae leges Die Gesetze der heiligen Ordnung (Apostolische Konstitution zur Promulgation des CIC, 1983)

sede vacante unbesetztes Amt (leerer Stuhl)

societas hierarchice ordinata hierarchisch geordnete Gesellschaft (Rechtsform)

Sollicitudo rei socialis Sorge um die sozialen Angelegenheiten (Sozialenzyklopädie Papst Johannes Paul II., 1987)

Sukzession, apostolische Nachfolge der Apostel

Unitatis redintegratio Wiederherstellung der Einheit (Dekret des II. Vatikanischen Konzils)

Universi dominici gregis [Hirte] der gesamten Herde des Herrn (Apostolische Konstitution Papst Johannes Paul II.)

Ut unum sint Daß alle eins seien (Enzyklika Papst Johannes Paul II., 1995)

Veritatis splendor Der Glanz der Wahrheit (Enzyklika Papst Johannes Paul II., 1993)

Autorenverzeichnis

Georg Bier
Dr. theol., Lic. iur. can., Professor für Kirchenrecht und Kirchliche Rechtsgeschichte an der Theologischen Fakultät der Universität Freiburg i.Br.; Veröffentlichungs- und Forschungsschwerpunkte: Die hierarchische Struktur der katholischen Kirche, insbesondere das rechtliche Verhältnis von Papst und Bischöfen; kanonisches Lehrrecht; kanonisches Eherecht.

Wolfgang Bock
Dr. iur., Richter am Landgericht und Privatdozent für öffentliches Recht, Kirchenrecht und Staatskirchenrecht, Rechtstheorie und Rechtsgeschichte an der juristischen Fakultät der Universität Düsseldorf; Forschungsschwerpunkte: Staatskirchenrecht (Das für alle geltende Gesetz und die kirchliche Selbstbestimmung, Tübingen 1996), Islam und Menschenrechte, Evangelisches Kirchenrecht (Der Begriff der Kirche), Verfassungs- und Verwaltungsrecht (Legitimation durch Wahlen in der Verwaltung. Die Stellung der funktionalen Selbstverwaltung unter dem GG), Juristische Methodik und Rechtsphilosophie (Hg.: Gesetz und Gesetzlichkeit in den Wissenschaften, Darmstadt 2006).

Wolfgang Lienemann
Dr. theol., o. Professor für Ethik an der Theologischen Fakultät der Universität Bern; aktuelle Arbeitsschwerpunkte: Ökumenische Ethik, Rechtsethik und Sozialphilosophie, Friedensforschung, Ekklesiologie und Religionsrecht, Bioethik; letzte Buchveröffentlichungen: (mit W. Dietrich, Hg.), Gewalt wahrnehmen – von Gewalt heilen, Stuttgart 2004; (mit H.-R. Reuter, Hg.), Das Recht der Religionsgemeinschaften in Mittel-, Ost- und Südosteuropa, Baden-Baden 2005; (mit Frank Mathwig, Hg.), Schweizer Ethiker im 20. Jahrhundert, Zürich 2005; (mit S.M. Zwahlen, Hg.) Kollektive Gewalt, Bern 2005.

Norbert Lüdecke
Dr. theol. habil., Lic. iur. can., Professor für Kirchenrecht an der Katholisch-Theologischen Fakultät der Universität Bonn, Honorarprofessor für Kirchenrecht und Staatskirchenrecht am Fachbereich Katholische Theologie der Universität Frankfurt a.M., Lehrbeauftragter für Kanonisches Lehrrecht am kanonistischen Institut der Universität Münster; Veröffentlichungs- und Forschungsschwerpunkte: Kanonisches Lehrrecht, Kirchenrecht und Ekklesiologie, rechtliche Transfromation des II. Vatikanums, kanonisches Eherecht.

Michael Plathow
Dr. theol. habil., Direktor des Konfessionskundlichen Instituts in Bensheim, Pfarrer, apl. Professor für Systematische Theologie an der Universität Heidelberg. Veröffentlichungen: u.a. Das Problem des concursus divinus, Göttingen 1976; Lehre und Ordnung im Leben der Kirche, Göttingen 1982; Freiheit und Verantwortung, Erlangen 1996; Forschungsschwerpunkte: dogmatische, ökumenische, kirchenrechtliche Themen, Luther und die Reformatoren.

Heinrich J.F. Reinhardt
Dr. theol., Lic. iur. can., Professor für Kirchenrecht an der Kath.-Theologischen Fakultät der Universität Bochum. Forschungsschwerpunkte: kirchliches Eherecht (Veröffentlichung: Die kirchliche Trauung, Essen ^{2}2006; zus. mit Joseph Prader, Das kirchl. Eherecht, Essen ^{4}2000), kirchliche Rechtsgeschichte (Die Ehelehre der Schule des Anselm von Laon, Münster 1974) und Ökumene (diverse Aufsätze).

Johanna Will-Armstrong
Dr. Lic. iur. can., Pfarrerin und Kirchenrätin in der Evangelischen Kirche von Westfalen, Vorsitzende der Arbeitsgemeinschaft Christlicher Kirchen in Nordrhein-Westfalen. Forschungsinteressen: Ökumenische Theologie und ökumenische Praxis in den Gemeinden.